INFORMAÇÃO E CONTROLE BIBLIOGRÁFICO

FUNDAÇÃO EDITORA DA UNESP

Presidente do Conselho Curador
Herman Jacobus Cornelis Voorwald

Diretor-Presidente
José Castilho Marques Neto

Editor-Executivo
Jézio Hernani Bomfim Gutierre

Conselho Editorial Acadêmico
Alberto Tsuyoshi Ikeda
Áureo Busetto
Célia Aparecida Ferreira Tolentino
Eda Maria Góes
Elisabete Maniglia
Elisabeth Criscuolo Urbinati
Ildeberto Muniz de Almeida
Maria de Lourdes Ortiz Gandini Baldan
Nilson Ghirardello
Vicente Pleitez

Editores-Assistentes
Anderson Nobara
Fabiana Mioto
Jorge Pereira Filho

INFORMAÇÃO E CONTROLE BIBLIOGRÁFICO:
UM OLHAR SOBRE A CIBERNÉTICA

ANA MARIA NOGUEIRA MACHADO

© 2003 Editora Unesp

Direitos de publicação reservados à:
Fundação Editora da Unesp (FEU)
Praça da Sé, 108
01001-900 – São Paulo – SP
Tel.: (0xx11) 3242-7171
Fax: (0xx11) 3242-7172
www.editoraunesp.com.br
www.livrariaunesp.com.br
feu@editora.unesp.br

Dados Internacionais de Catalogação na Publicação (CIP)
(Câmara Brasileira do Livro, SP, Brasil)

> Machado, Ana Maria Nogueira
> Informação e controle bibliográfico: um olhar sobre a cibernética / Ana Maria Nogueira Machado. – São Paulo: Editora Unesp, 2003.
>
> Bibliografia.
> ISBN 85-7139-462-8
>
> 1. Bibliotecomonia 2. Cibernética 3. Controle bibliográfico 4. Informação – Sistemas de armazenagem e recuperação 5. Informática 6. Teoria da informação I. Título
>
> 03-1865   CDD-025.3

Índices para catálogo sistemático:
1. Controle bibliográfico e informação: Biblioteconomia   025.3
2. Informação e controle bibliográfico: Biblioteconomia   025.3

Este livro é publicado pelo projeto *Edição de Textos de Docentes e Pós-Graduados da Unesp* – Pró-Reitoria de Pós-Graduação e Pesquisa da Unesp (PROPP)/Fundação Editora da Unesp (FEU)

Editora afiliada:

Asociación de Editoriales Universitarias de América Latina y el Caribe

Associação Brasileira de Editoras Universitárias

Para Fábio, Guga, Alemão,
Carol e Paulinha.

"Os céus proclamam a glória de Deus e o firmamento anuncia as obras das suas mãos. Um dia discursa a outro dia, e uma noite revela conhecimento a outra noite. Não há linguagem, nem há palavras, e deles não se ouve nenhum som; no entanto, por toda a terra se faz ouvir a sua voz, e as suas palavras até aos confins do mundo."
(Salmos, 19:1-4)

SUMÁRIO

Apresentação 11

1 Informação: do senso comum ao uso científico 15

Informação em diferentes contextos 15

Informação no contexto da biblioteconomia 25

Informação e sistemas complexos 29

2 Controle Bibliográfico 39

Antecedentes históricos 39

Evolução das bibliografias e dos catálogos 41

Controle Bibliográfico Universal 51

Controle Bibliográfico Brasileiro 58

3 Controle Bibliográfico como sistema 67

Da busca manual ao Sistema de Controle Bibliográfico 67

Impacto das novas tecnologias 71

Controle Bibliográfico e Teoria dos Sistemas 81

4 Teoria Matemática da Informação 89

A Teoria Matemática da Informação:
uma abordagem científica 89

Informação e entropia 93

Informação e probabilidade 99

Informação e sistema de comunicação 106

Ruído e redundância 112

5 Informação, cibernética e Controle Bibliográfico 119

Informação e cibernética 119

Cibernética do Controle Bibliográfico 130

A regulação e o controle no Sistema de Controle Bibliográfico 136

Considerações finais 145

Referências bibliográficas 151

APRESENTAÇÃO

O que é informação? O uso do conceito de informação no cotidiano é o mesmo do contexto científico? Podemos chamar informação à representação descritiva de um documento registrado em um sistema de controle bibliográfico? Que relação há entre controle bibliográfico e cibernética? Questões como essas são abordadas neste livro e podem interessar àqueles que trabalham com o conceito de informação e, principalmente, aos bibliotecários e profissionais de áreas afins.

Focalizar a aplicação das leis fundamentais da cibernética – a da regulação e a do controle – ao Sistema de Controle Bibliográfico e analisar a informação recuperada por meio dele, à qual denominamos *informação-potencial,*[1] é o que nos motiva a escrever este texto, que teve origem como tese de doutorado, sob orientação da Dra. Maria Eunice Quilici Gonzalez. Essa informação-potencial, ainda que não quantificada, apresenta características de imprevisibilidade, incerteza e probabilidade que se aproximam daquelas investigadas pela Teoria Matemática da Informação e também dos novos paradigmas da ciência, representados principalmente pelo afastamento gradual das abordagens e posturas exclusivamente deterministas, referentes aos sistemas complexos.

Para alcançar esse propósito, traçamos um dos possíveis caminhos, que inclui a análise de diferentes conceitos de informação, um panorama do controle bibliográfico, o controle bibliográfico

---

1 Expressão utilizada na literatura biblioteconômica por Gilda Maria Braga (1995).

como sistema, o modo de quantificar a informação de acordo com a Teoria Matemática da Informação e a relação entre controle bibliográfico e cibernética. Situamos nossa análise da informação em diferentes contextos.

Ressaltamos que, nos últimos cinquenta anos, esforços têm sido envidados por especialistas de diferentes áreas do conhecimento, como a Biologia, Engenharia, Matemática, Computação, Linguística e Ciência da Informação, no sentido de elucidar as questões relativas à natureza da informação.

Entendemos ser relevante apresentar o controle bibliográfico em suas muitas faces, passando pela evolução das bibliografias e dos catálogos e também pelo tratamento que recebe a publicação da bibliografia nacional, bem como a legislação que a viabiliza, porque os textos que tratam do assunto, com raras exceções, enfatizam um ou outro aspecto do tema.

Tratamos da evolução da tecnologia e do grau de automação dos sistemas. Assinalamos que é perceptível o modo de apresentação do controle da informação após utilizar-se do potencial tecnológico (base de dados, banco de dados, sistema *on-line*). Destacamos o tratamento que recebe cada documento (análise documentária) antes de ser introduzido no sistema.

Mostramos que a expressão da informação registrada em um Sistema de Controle Bibliográfico tem por base a fórmula matemática da entropia negativa, a mesma que possibilitou a Boltzmann exprimir a medida da organização das moléculas em um recipiente contendo gás e a Shannon & Weaver medirem a organização de uma mensagem.

Salientamos que Shannon & Weaver trabalharam com uma concepção quantificada da informação, que substitui a linguagem ordinária pelas equações matemáticas, sem aludir ao significado ligado à informação. Eles propõem uma abordagem técnica do conceito de informação e entendem informação como uma medida da liberdade de escolha na seleção de uma mensagem, medida essa obtida pelo logaritmo do número de escolhas possíveis das mensagens, cuja ocorrência é governada por probabilidades. Informação é, então, uma propriedade de mensagens dentro de uma multiplicidade delas. Quanto maior é o número de escolhas

INFORMAÇÃO E CONTROLE BIBLIOGRÁFICO

possíveis de uma mensagem gerada na fonte, maior é a quantidade de informação associada a sua ocorrência.

Vimos ainda como a informação é transmitida, essencialmente por sinais; como ela se degrada sob o efeito do ruído e da entropia e também como a informação é tratada graças à álgebra e aos logaritmos.

Aplicamos duas das leis da cibernética, a da regulação e a do controle, ao Sistema de Controle Bibliográfico e visualizamos o efeito que cada uma delas produz nas rotinas de controle e nos reguladores e, consequentemente, na recuperação da informação-potencial inserida no sistema.

Nesta obra, abordamos esses assuntos em cinco capítulos:

No Capítulo 1 – "Informação: do senso comum ao uso científico" – tratamos do conceito de informação no cotidiano e no contexto científico, passando pelo uso que dele fazem os profissionais bibliotecários e de áreas afins. Examinamos, ainda, de que modo as características de imprevisibilidade, incerteza e probabilidade, próprias da informação-potencial, obtidas nos sistemas de recuperação da informação, aproximam-se daquelas investigadas pela Teoria Matemática da Informação e dos novos paradigmas da ciência relacionados aos sistemas complexos.

No Capítulo 2 – "Controle bibliográfico" – apresentamos uma visão geral do que se entende por controle bibliográfico desde que o homem começou a registrar o conhecimento por ele elaborado, com ênfase no período pós-imprensa, até o uso disseminado dos computadores, quando a adoção dos processos automatizados tornou-se imperativa. Incluímos o processo de implantação e institucionalização do controle bibliográfico em âmbito nacional e universal, e ainda a importância da padronização internacionalmente aceita, da cooperação entre bibliotecas e da proliferação das redes de informação conectadas mundialmente, para maior êxito do sistema.

No Capítulo 3 – "Controle bibliográfico como sistema" – expusemos a ideia central dos visionários Paul Otlet e Vannevar Bush como precursora das novas tecnologias da educação. Explicitamos o tratamento da informação, desde a busca manual, documento por documento, até a recuperação automatizada, que envolve uma grande quantidade de obras em uma única busca, bem como a noção de sistema que interessa ao controle bibliográfico.

No Capítulo 4 – "Teoria Matemática da Informação" – a concepção quantificada da informação foi tratada juntamente com conceitos básicos que interessam a essa teoria e, consequentemente, à cibernética e ao controle bibliográfico. Entre eles, incluímos: entropia, probabilidade, sistema de comunicação, ruído e redundância.

No Capítulo 5 – "Informação, cibernética e controle bibliográfico" – analisamos uma possível relação entre informação, cibernética e controle bibliográfico e o modo como o Sistema de Controle Bibliográfico, tanto o descritivo quanto o exploratório, parece obedecer às leis fundamentais da cibernética, que incluem as noções de regulação e de controle. Mostramos que o acesso à representação descritiva das obras inseridas no Sistema de Controle Bibliográfico pode se tornar viável não só pela concretização das novas tecnologias, mas também por obedecer a regras genéricas e de padrão internacional, em detrimento do acesso ao assunto tratado nos documentos, representado pelo controle bibliográfico exploratório, que depende da adequação da linguagem natural à linguagem documentária, que precisa ser constantemente aprimorada, a fim de minimizar o artificialismo e o reducionismo que a caracterizam.

I INFORMAÇÃO: DO SENSO COMUM AO USO CIENTÍFICO

"Informação é informação, nem matéria nem energia."

(Wiener, 1961, p.132)

INFORMAÇÃO EM DIFERENTES CONTEXTOS

Informação é uma palavra que nunca foi fácil definir, mas seu uso regular está sempre presente em nossa vida como elemento imprescindível – podemos dizer que vivemos em uma sociedade da informação. Ou ainda, como aponta Küppers (1990, p.xiii-xiv):

> Assim como o homem da idade do bronze e do ferro lidava com esses elementos mas não dispunha de estruturas conceituais apropriadas para defini-los, também nós, habitantes da era da informação, teremos que aguardar o desenvolvimento das ciências para podermos ir além das metáforas na descrição do conceito de informação.

A palavra informação tem sua origem no latim, do verbo *informare*, que significa *dar forma* ou *aparência, colocar em forma, criar,* mas também *representar, construir uma ideia* ou *uma noção* (Zeman, 1970).

Na linguagem comum, o conceito de informação está sempre ligado ao significado e é usado como sinônimo de mensagem, notícia, fatos e ideias que são adquiridos e passados adiante como conhecimento. O homem procura manter-se informado sobre a vida política do país e do mundo, sobre os progressos da ciência, pelo simples prazer de saber. Esse uso comum do conceito de informação exprime uma concepção antropomórfica do vocábulo.

As três principais características do conceito antropomórfico da informação são apresentadas por Pereira Júnior & Gonzales (1996, p.255):

a) sua existência e/ou transmissão dependeria do recurso da *linguagem simbólica*;

b) a uma dada informação estaria necessariamente associado um significado, ou seja, o emissor transmitiria uma informação com a intenção de que o receptor a interpretasse de uma maneira convencionada;

c) a informação possui um caráter de novidade, relativamente ao conhecimento prévio do receptor.

Essa concepção de informação utiliza uma noção que já pressupõe algo a ser explicado, a saber: a noção antropomórfica (e muitas vezes subjetiva) de significado. Não trataremos em profundidade da noção de significado neste trabalho; no entanto, poderá ser tema de um próximo texto.

Como homens livres, temos o direito de dar e receber informação e, igualmente, de expressar nosso pensamento. Esse direito encontra-se registrado oficialmente na *Declaración de los derechos del hombre y del ciudadano*, de 26 de agosto de 1789, em seu artigo 11: "A livre comunicação das opiniões e dos pareceres é um direito dos mais preciosos do homem: todo cidadão pode, portanto, falar, escrever e imprimir livremente, salvo no caso de responsabilidade por abuso desta liberdade nos casos determinados na lei" (*Enciclopedia...*, 1907, p.1217-9). Entretanto, a legalização não é suficiente para garantir o uso da informação, sua disponibilidade e o desejo de usá-la.

Entendemos que, para fazer uso da informação, indispensável se faz que ela exista, que se torne conhecida e que se encontre disponível. Cobertas essas condições, Campos (1992, p.10) lembra a possibilidade de depararmos com duas situações: a necessidade de obter a informação ou a indiferença diante dela. Um grupo seleto de seres humanos, minoritário, requer uma demanda consciente de informação, reconhece seu valor e a exige como requisito fundamental para realização de atividades cotidianas. Entretanto, grande parte dos humanos faz uso limitado da informação, expondo-se apenas àquela transmitida por meio audiovisual.

Temos a ideia também de que a informação quase sempre sofrerá algum grau de influência por parte de quem a emite, consciente ou inconscientemente. Algumas vezes, essa interferência é premeditada, com a finalidade de orientar o comportamento dos usuários da informação de acordo com interesses de uma classe dominante, seja ela qual for. A disponibilidade da informação é possível tecnicamente, mesmo que fatores sociais, políticos e/ou acadêmicos não a proporcionem em sua totalidade. Às vezes, acontece com a informação o mesmo que acontece com as florestas e com os rios. Corre perigo de extinção esse patrimônio natural, e, por não querer perdê-lo, nos damos conta de que custa caro resgatá-lo. Com a informação não é diferente. "Caímos no absurdo de dizer que é muito importante; porém, não atuamos em seu favor" (ibidem, p.14).

Informação tem um custo e, portanto, um valor. Para taxar a informação, não é suficiente determinar o valor de seu conteúdo; devem ser calculadas todas as etapas posteriores a sua criação, edição e distribuição, por exemplo. Ao mencionarmos o serviço de recuperação da informação, terão custo todos os processos de aquisição e de organização do sistema que o contemplam, além do meio pelo qual a informação será transportada, bem como o custo das telecomunicações.

Ao abordar o estudo referente à informação, Yuexiao (1988) destaca que há mais de quatrocentas definições apresentadas por estudiosos de distintos campos do saber e de distintas culturas, situação que torna inevitável o surgimento de interpretações errôneas. Informação não é ainda um conceito singular; ao contrário, caracteriza-se como um conceito controverso e, às vezes, enganoso.

Sustenta Yuexiao (ibidem) que não é possível, nem mesmo necessário, pretender que diferentes profissões, culturas e povos utilizem uma definição consensual de informação, embora esteja convencido da necessidade de que acordos sejam estabelecidos sobre possíveis hierarquias de definições, de modo a evitar confusão, quando se discute acerca delas.

É preciso, em primeiro lugar, analisar a vasta área em que a informação pode estar inserida. No âmbito filosófico, o mais abrangente deles, discutem-se a causa fundamental, a natureza e a função da informação, e esta se define de modo abstrato, mas como veículo de inter-relação e interação entre objetos e conteúdos.

A relativa obscuridade do conceito de informação, declaram Pereira Júnior & Gonzales (1996, p.256),

> tem impedido sua aceitação generalizada entre cientistas da natureza, que o recusam sob a alegação de que seria essencialmente antropomórfico ... Ao ser usado no contexto filosófico/científico, como conceito de base para a explicação dos processos cognitivos (humanos e não humanos), a noção de informação não pode ser entendida da maneira antropomórfica.

Apesar das dificuldades, esclarecem Pereira Júnior & Gonzales (ibidem), a concepção não antropomórfica da informação tem desempenhado importante papel na história recente da ciência e da tecnologia. Citam esses autores, como exemplo, a Teoria Matemática da Informação (TMI) de Shannon & Weaver, que envolve uma concepção quantificada da informação, substituindo a linguagem ordinária pelas equações matemáticas, sem nenhuma referência a seus possíveis significados. Contudo, acrescentam esses pesquisadores, tem sido na biologia molecular que a noção de informação e seu desdobramento nas ideias de código e programa genéticos têm possibilitado a expressão teórica de regularidades dos processos biológicos.

Para os biólogos, esclarece Lwoff (1970, p.110), a informação é o que determina a vida:

> O que podemos denominar informação para um ser vivo é, pois, uma série de estruturas, de sequências, uma ordem bem determinada. É esta ordem que representa a informação biológica. O conceito de informação corresponde a este conjunto de dados bastante complexo.

Na opinião de Pereira Júnior & Gonzales (1996, p.256-7), "o uso da noção de informação constitui o maior desafio para aqueles que são céticos quanto à sua desantropomorfização, pois as estruturas informacionais que se propagam do genoma para as proteínas são claramente independentes da linguagem humana, e da atribuição de significados".

É possível compreender a informação como algo que é colocado em forma, em ordem, em algum sistema classificado. Informação

INFORMAÇÃO E CONTROLE BIBLIOGRÁFICO   19

não é um termo apenas matemático, mas também filosófico, diz
Zeman (1970, p.156-7):

> pois não está ligado apenas à quantidade, mas também à qualidade,
> que, aliás, tem conexão com ela. Portanto, não é apenas uma medida
> da organização, é também a organização em si, ligada ao princípio
> da ordem, isto é, ao organizado – considerado como resultado – e
> ao organizante – considerado como processo. A informação é, pois, a
> qualidade da realidade material de ser organizada ... e sua capacidade
> de organizar, de classificar em sistema, de criar.

Nesse contexto, além de sugerir alguns elementos para se
obter uma definição de informação de uso geral, Hoffmann (1993)
propõe uma curiosa analogia entre as propriedades das substân-
cias químicas e o conceito de informação, a qual torna evidente
seu interesse por conciliar as diferentes interpretações do termo
informação. Após assinalar os três possíveis estados da matéria –
sólido, líquido e gasoso –, o autor esclarece que a informação pode
encontrar-se também em três estados, perfeitamente reconhecíveis:

a) informação assimilada: dá-se na mente, na qual é processada,
organizada e compreendida;

b) informação documentada: apresenta-se em forma de registros físicos, tal é o caso das publicações em papel, fitas, discos e
qualquer outro suporte material;

c) informação transmitida: consiste na comunicação da informação nas diversas formas possíveis.

Na Biblioteconomia e na Ciência da Informação, os pesquisadores têm proposto diferentes conceitos de informação, os quais
consideram adequados para seu contexto de aplicação ou ainda
para explicar um fenômeno específico de que se ocupam. Embora
não exista acordo acerca do conceito de informação, é possível
identificar três grupos distintos com base na revisão da literatura
existente, assinala Kando (1994):

a) informação como entidade objetiva: compreende o conteúdo dos documentos;

b) informação como entidade subjetiva: representada pela
imagem-estrutura do receptor e suas permutas;

c) informação como processo: faz referência ao processo diante do qual o sujeito se informa.

Nesse sentido, a informação pode ser descrita de uma forma *objetiva*, por meio de texto, figura etc., mas seu significado pode ser *subjetivo*, dependendo dos estados mentais de quem faz uso dela.

No que diz respeito à informação compreendida como entidade objetiva, julgamos que o conteúdo registrado não é diretamente utilizável, uma vez que exige esforço e capacidade para selecionar, interpretar e adequar os dados às necessidades e propósitos. A organização e a classificação que se imprimem a esse registro incrementam suas possibilidades de utilização, mas não constituem informação por si mesmas, como tampouco é informação a representação simbólica do texto por meio da referência bibliográfica, resumo e indexação ou mesmo sua incorporação integral em um sistema de recuperação automatizada, como entendem muitos arquivistas, bibliotecários e documentalistas. O conteúdo dos documentos pode ser registrado e os registros podem ser transferidos; porém, a informação, nesse caso, é uma condição inseparável da fonte que a gera.

Conforme Kando (1994), a informação subjetiva é gerada a partir dela mesma, mediante um processo orientado para dar-lhe sentido, o qual conecta a informação objetiva e a informação subjetiva. O conteúdo intangível e sua representação física estão inter-relacionados e influenciam um ao outro. Os conteúdos não podem se comunicar na ausência de sua representação física, e a representação física padeceria de significado sem conteúdo.

A informação subjetiva é gerada na mente do receptor, tornando-se difícil sua observação ou mesmo sua medição. Em contraste, a informação objetiva, suscetível de armazenamento e de comunicação, constitui uma entidade física externa, a qual se faz autônoma e escapa ao controle ou à influência de quem a tenha gerado. Ambas as concepções encontram-se vinculadas em um processo de comunicação entre uma mente e outra. O que difere um tipo de outro é seu modo de manifestação. A informação registrada, independentemente do suporte, encontra-se disponível para acesso, ao passo que a informação subjetiva é processada, organizada e compreendida na mente e, portanto, não se encontra disponível para acesso.

Ressalta Marcial (1996) que o estudioso Kando se limita a destacar a relação entre conceitos distintos de um mesmo fenômeno; embora aborde o ponto central do problema, não se compromete quanto à natureza ontológica da informação, mostrando apenas sua relação no contexto da comunicação humana.

Informação, para Marcial (ibidem, p.193), pode ser entendida como "a significação que adquirirem os dados como resultado de um processo consciente e intencional de adequação de três elementos: dados do meio ambiente, propósitos e contexto de aplicação, e estrutura de conhecimento do sujeito".

A informação, segundo esses autores, dá-se na mente, por isso é inseparável do ser que a gera e a aplica, não é propriedade de uma ciência em particular e se destaca de todo produto tangível, suscetível de armazenamento. Não são os dados ou conhecimentos que determinam a qualidade da informação, senão a forma como ela é relacionada e interpretada para se adequar a um propósito estabelecido. Assim, a capacidade de gerar informação não depende, de forma exclusiva, dos registros aos quais temos acesso, mas do amadurecimento e do desenvolvimento de habilidades individuais para a manipulação.

Ainda que essa seja uma perspectiva, ela não é sem problema. Em um contexto amplo, sustenta Currás (1993) que a informação não existe por si mesma, mas é propriedade relacional entre fontes e receptores. Considera a informação por dois diferentes enfoques:

a) a informação como fenômeno, gerada no meio ambiente e suscetível de captar-se de modo consciente;

b) a informação como processo, elaborada por nós mesmos a partir de documentos.

Essa informação, entendida como processo, refere-se a uma condição derivada de um processo volitivo e não de um evento alheio à consciência, e tem início na mente do sujeito. Na geração de informação, utilizam-se dados da própria experiência, obtidos do meio ambiente com auxílio da observação, e ainda dados de fontes documentais.

Em um sentido ligeiramente distinto dos anteriores, Belkin & Robertson (1976) propõem uma análise do conceito de informação baseada na categorização, na estrutura. Na busca de uma noção básica contida nas diferentes expressões do termo informação, eles encontram a ideia de estruturas sendo alteradas. Propõem, então, que informação é aquilo capaz de transformar ou de mudar estruturas.

Entendemos que Belkin & Robertson (ibidem) reconhecem a amplitude da conceituação por eles elaborada e constroem um espectro de informação com uma tipologia de complexidade crescente, a saber:

- infracognitivo (hereditariedade, incerteza, percepção);
- cognitivo individual (formação de conceitos, comunicação inter-humana);
- cognitivo social (estruturas conceituais sociais);
- metacognitivo (conhecimento formalizado).

Nessa perspectiva, para uma investigação do conceito de informação no contexto da comunicação humana, importam: a *comunicação inter-humana,* que se refere às estruturas semióticas, construídas por um emissor com o objetivo de mudar a imagem de um receptor, o que implica que o emissor tem conhecimento da estrutura do receptor; e as *estruturas conceituais sociais,* que se referem às estruturas de conhecimento coletivo, compartilhadas por membros de um mesmo grupo social.

Compreendendo estrutura de modo geral como ordem, Belkin & Robertson (ibidem) propõem como elemento básico para construção do conceito de informação, de interesse para a Ciência da Informação, o texto e o que se pode inferir dele.

De maneira resumida, podemos esquematizar as ideias de Belkin & Robertson, do modo como as vemos no Quadro 1:

Quadro 1 – Os conceitos básicos da ciência da informação

um texto	é uma coleção de signos propositadamente estruturados por um emissor com a intenção de mudar a estrutura-da-imagem de um receptor
informação	é a estrutura de qualquer texto capaz de mudar a estrutura-da-imagem de um receptor

Fonte: Freire (1995).

INFORMAÇÃO E CONTROLE BIBLIOGRÁFICO

Mesmo diante de inúmeras interpretações do que se entende por informação, o pesquisador sabe que o trabalho científico tem início quando o significado dos conceitos é circunscrito com precisão. A tentativa de definir univocamente os termos utilizados é própria da atividade científica. A partir de 1940, o conceito de informação passa a ser definido como termo científico.

Em contraste com a visão até então trabalhada, nasce a *informação* como um elemento ativo, independentemente do sujeito (no sentido clássico do termo) para quem a informação se destina. A informação passa a ser concebida como algo que não fica somente assistindo passivamente, mas que informa (no sentido de dar forma) o mundo material. Emerge o princípio universal da informação trabalhando no mundo, dando forma ao sem-forma, especificando o caráter peculiar das formas vivas e até ajudando a determinar, por meio de códigos especiais, os modelos do pensamento humano. Nesse sentido, informação atravessa os diferentes campos da computação e da física clássica, da biologia molecular e da comunicação humana, da evolução da linguagem e da evolução do homem.

A complexidade do conceito de informação e sua natureza específica tão peculiar estão exemplarmente ilustradas na célebre observação de Wiener (1961, p.132): "Informação é informação, nem matéria nem energia. Nenhum materialismo que não admita isto pode sobreviver nos dias de hoje". Ainda de acordo com Wiener (1993, p.17-8), informação é um termo que:

> designa o conteúdo daquilo que permutamos com o mundo exterior ao ajustar-nos a ele, e que faz com que nosso ajustamento seja nele percebido. O processo de receber e utilizar informação é o processo de nosso ajuste às contingências do meio ambiente e de nosso efetivo viver nesse meio ambiente. As necessidades e a complexidade da vida moderna fazem, a este processo de informação, exigências maiores do que nunca, e nossa imprensa, nossos museus, nossos laboratórios científicos, nossas universidades, nossas bibliotecas e nossos compêndios estão obrigados a atender às necessidades de tal processo, sob pena de malograr em seus escopos. Dessarte, comunicação e controle fazem parte da essência da vida interior do homem, mesmo que pertençam à sua vida em sociedade.

Desse modo, o mundo físico não pode mais ser visto somente como matéria e energia. Às poderosas teorias da química e da física, temos que adicionar a Teoria Matemática da Informação. Assim, para Stonier (1990, p.127), a natureza tem que ser interpretada como matéria, energia e informação.

Essa noção moderna de informação pode ser pesquisada em pelo menos três diferentes direções, assegura Breton (1991):

- no movimento de ideias que visa à distinção entre o sentido e a forma;
- nas técnicas derivadas das necessidades da transmissão de mensagens;
- nas pesquisas sobre a natureza do raciocínio correto e sobre as considerações acerca da verdade dos enunciados.

As pesquisas que convergem para essa noção de informação evidenciam uma distinção entre *sentido* e *forma*. O sentido é entendido como o conjunto de significações que a mensagem pode conter para os que têm acesso a ela. A forma, por sua vez, como a consequência de um conhecimento técnico e de uma busca de eficácia na transmissão das mensagens. Por exemplo, a informação jornalística, aquela oferecida pela imprensa e pelos outros meios de comunicação, é carregada de significado, ao passo que as operações realizadas pelas máquinas são despojadas dele.

Para ilustrar a diferença entre as noções de sentido e forma, Breton (1991, p.48) apresenta o exemplo do telegrama:

> Quando alguém leva um telegrama ao correio, sua mensagem é lida pelo encarregado, mas este último não se interessa pelo sentido do que foi escrito. Leva em conta apenas ... os símbolos que ele contém (com a finalidade de estabelecer o preço do serviço, mas também para verificar se esses símbolos correspondem às normas habituais...). Tais símbolos vão ser transformados em sinais telegráficos. Símbolos e sinais podem ser processados independentemente de sua significação *... eles constituem a forma tomada pela mensagem.* (grifo do autor)

Outra distinção, prossegue Breton (ibidem), é aquela em que a forma de uma mensagem pode ser decomposta em símbolos e em sinais, ambos constituídos pelo suporte físico da mensagem.

A origem dessa decomposição encontra-se nos avanços técnicos de transmissão de mensagens e na utilização da corrente elétrica.

A manipulação dos sinais, descoberta no final do século XVIII, permite que se descubra que a variação de quantidade de um elemento, por mais anárquico e imprevisível que seja, pode ser representada com precisão por uma soma de funções matemáticas regulares, e também manifestada em termos de sinais elétricos. As investigações acerca das condições físicas da transmissão de mensagem levam ao aperfeiçoamento da noção de sinal, ao passo que as investigações acerca da codificação de mensagens resultam na noção de símbolo.

Conforme veremos no Capítulo 4, a articulação entre o sinal e o símbolo é descrita na Teoria Matemática da Informação, formulada por Shannon & Weaver (1963), no final da década de 1940.

Nesta seção, analisamos o conceito de informação no senso comum e no contexto científico, passando por várias interpretações. Ressaltamos a dedicação de pesquisadores ao estudar as diferentes conceituações já existentes do termo e chegamos à visão de informação como processo. Informação essa concebida como algo que informa (no sentido de dar forma) o mundo material.

No item seguinte, veremos como o conceito de informação é utilizado pelos bibliotecários e por outros profissionais ligados à área.

INFORMAÇÃO NO CONTEXTO DA BIBLIOTECONOMIA

Os profissionais bibliotecários estudam o documento em um contexto bem definido, tanto em relação ao suporte que o sustenta quanto em relação à instituição que o abriga. O suporte físico (papel, filme, meio eletrônico etc.) é certamente tangível e passível de manipulação em seu conteúdo. Há ainda o espaço físico, no qual os documentos agregam-se logicamente em coleções.

Documento, de acordo com clássica definição de Briet (1953), é toda base de conteúdo informacional, fixada materialmente e suscetível de estudo, prova ou confronto. Informação, como vimos no item anterior, é aquilo de que necessitamos quando fazemos escolhas. Mensagem é o que é levado de um emissor a um receptor por meio de um processo de comunicação.

A nossa experiência como bibliotecária evidencia, porém, que esse entendimento a respeito do conceito de informação não é conhecido no ambiente profissional, ou não é veiculado. Com o intuito de fortalecer essa conjetura, apresentamos uma importante declaração. O editor da revista eletrônica *Netfuture*, Stephen Talbott (1998), em duas conferências proferidas para bibliotecários, com considerável audiência, desafia a plateia a dizer o que entende por *informação*. Profissional algum emitiu qualquer opinião. Retoma a temática o palestrante e, desta feita, solicita aos presentes que, por escrito, respondam o que entendem por *informação*. Palavra alguma foi registrada.

Três aspectos prevalecem associados ao uso que fazem da informação os bibliotecários e demais profissionais da área:

a) representação descritiva de documentos;
b) desenvolvimento de coleções;
c) acesso à informação.

Nessa perspectiva, no item (a), aspira-se a ter mais informação oferecendo tratamento adequado aos documentos que farão parte da coleção; em (b), aumentando o acervo em quantidade; já em (c), pensa-se que a capacidade de resposta às necessidades de informação encontra-se solucionada ao se dispor de um sistema automatizado, capaz de realizar as mesmas operações que antes se faziam manualmente e se assume que os usuários têm maior quantidade de informação pelo fato de terem acesso a sistemas de recuperação da informação, com uma ou mais base de dados bibliográficos ou de textos completos.

O acesso a um banco de dados, na perspectiva de Marcial (1996), parece anunciar o fim da aquisição compulsiva de obras, mudar os esquemas tradicionais de organização bibliográfica e exigir dos responsáveis pela área uma redefinição de seus papéis, em razão também da proliferação de empresas dedicadas à venda dos serviços e produtos de informação que competem com a biblioteca. Um exemplo encontra-se na possibilidade de acesso aos recursos da informação, seja de casa seja do escritório, sem ter que se

INFORMAÇÃO E CONTROLE BIBLIOGRÁFICO 27

deslocar à biblioteca, por meio de rede de informação internacionalmente conectada.

Assim sendo, os profissionais da informação poderão envidar esforços na elaboração de estruturas mais eficazes para o acesso ao conteúdo registrado e na obtenção de maiores benefícios, no uso da tecnologia da informação, sobretudo desfazer o tratamento dispensado a entidades distintas, como se elas fossem iguais, como é o caso do documento identificado como informação e também como mensagem.

A disponibilidade tanto de recursos quanto de infraestrutura é, sem dúvida, uma evidente vantagem, porém não é condição suficiente para gerar informação. Enganoso é pensar que se está mais informado por dispor-se de um maior número de bases de dados, de acervo de livros e de revistas ou, ainda, por dispor-se de acesso a redes mundiais interconectadas.

Concordamos com Marcial (1996, p.194), quando declara que "se o leitor não estiver preparado para interpretar, renovar e reestruturar de modo permanente o conhecimento, o investimento em recursos e serviços de informação resultará pouco produtivo e, inclusive, infrutuoso".

No que diz respeito ainda ao acesso à informação, item (c) deste tópico, foram construídos os sistemas de recuperação da informação (SRIs) com o objetivo de maximizar o uso da informação. Na perspectiva de Braga (1995, p.85), os SRIs

> mantiveram o conceito de informação atrelado ao documento. Na verdade, os Sistemas de Recuperação da Informação não recuperam informação, ou recuperam apenas uma *informação-potencial*, uma probabilidade de informação, que só vai se consubstanciar a partir do estímulo externo documento, se também houver uma identificação (em vários níveis) da linguagem desse documento, e uma alteração, uma reordenação mental receptor-usuário. (grifo nosso)

Não é a informação-potencial que determina a qualidade da possível informação a ser produzida, mas a relação e a interpretação que aquele que a gera estabelece com os registros recuperados.

No posicionamento de Barreto (1999, p.2), "as informações armazenadas em bases de dados, arquivos ou museus possuem a capacidade potencial de produzir conhecimento, o que só se efetiva a partir de uma ação de comunicação mutuamente consentida entre a fonte (os estoques) e o receptor".

Não é possível prever se a informação-potencial vai gerar ou não informação no indivíduo receptor; sabemos, porém, que uma pequena alteração nas condições iniciais de codificação da mensagem, ou do estado emocional do receptor etc., pode sugerir grandes alterações no processo como um todo: características dos chamados sistemas complexos.

Focalizada desse modo, informação pode ser entendida como uma probabilidade, uma incerteza. E essa é a proposta da TMI. A informação, de acordo com essa teoria, não depende de uma instituição física ou de um suporte material, mas de um processo de comunicação entre emissor-canal-receptor, podendo ser quantificada.

A relação de equivalência entre informação e documento, criada principalmente por arquivistas, bibliotecários e documentalistas, pode se desfazer a partir de Shannon & Weaver (1963), que estabelecem uma nova identidade da informação com o domínio do quantitativo e da probabilidade. Isso ocorre quando desvinculam informação de seu suporte físico obrigatório, transportando-a por um canal, o ar. Estabelecem ainda a noção da mensagem distinta da informação e a noção da dependência distinta do estado mental do receptor.

Ainda que a informação-potencial recuperada pelos SRIs não seja quantificada, suas características de imprevisibilidade, incerteza e probabilidade aproximam-na da TMI, de Shannon & Weaver, e dos novos paradigmas da ciência, representados principalmente pelo afastamento gradual das abordagens e posturas exclusivamente deterministas, relacionados aos sistemas complexos.

Pudemos ver neste tópico que os profissionais bibliotecários e outros vinculados à área mantêm o conceito de informação ligado ao conceito de documento, mesmo após a criação dos modernos sistemas de recuperação da informação – sistemas que se abrem para uma relação mais dinâmica entre documento e informação, movimento próprio dos sistemas complexos, com os quais trabalharemos na sequência.

INFORMAÇÃO E SISTEMAS COMPLEXOS

Uma das contribuições deste trabalho consiste em investigar o Sistema de Controle Bibliográfico no contexto dos sistemas complexos. De acordo com Haken (2000), sistemas complexos constituem-se de muitas partes ou elementos que podem ser ou não do mesmo tipo. A análise mais apropriada para esse tipo de sistema é aquela que parte de uma visão macroscópica (visão do sistema no todo). Por exemplo, não se conhece um gás pela lista de seus átomos, mas em termos de quantidades macroscópicas, como pressão e temperatura. Podemos ver no cérebro outra ilustração de sistema complexo. O cérebro, com sua complexidade, permite que padrões sejam reconhecidos como a fala, a audição e o olfato. No Sistema de Controle Bibliográfico, caso específico desta obra, que também pode ser considerado um sistema complexo, padrões podem ser reconhecidos como autoria, assunto, editora, de qualquer obra indexada no sistema.

Outra perspectiva do entendimento de sistema evidencia que as partes de um sistema e suas propriedades são dados objetivos e que o todo pode ser deduzido das partes (por considerar que o todo resulta do somatório das partes que o compõem). Interessante é checar se diferentes modelos microscópicos (partes do sistema) podem conduzir ao mesmo conjunto macroscópico de dados. Essa compreensão de sistema baseia-se em um conceito reducionista que apresenta limitações. Por exemplo, conhecer os componentes químicos de um sistema não significa conhecer a vida nele existente. O que precisamos entender não é o comportamento das partes individuais, mas sua orquestração ou atividade coletiva. Essa é a abordagem que nos interessa, a que corresponde aos sistemas complexos. Para lidarmos com esses sistemas, torna-se necessário encontrarmos variáveis adequadas ou quantidades relevantes que descrevam suas propriedades.

Uma descrição macroscópica leva-nos a uma compreensão da informação de modo a nos importarmos, não exclusivamente, com os dados microscópicos. Dessa forma, somos conduzidos a descrever o comportamento dos sistemas complexos em termos antropomórficos. Porém, tornou-se uma tradição exorcizar os antropomorfismos e basear as explicações em pontos de vista mecânicos. A ciência física, há não muito tempo, trabalhava com habilidades que possibilitavam a previsão de eventos futuros. Quanto mais a física lida com sistemas complexos, mais aflora a compreensão de que novos conceitos são necessários.

Vemos, na literatura, que o estudo dos sistemas complexos trouxe novos elementos de reflexão sobre o papel do caos, do determinismo e do acaso no quadro conceitual construído pelo homem em sua tentativa de analisar e prever o comportamento da natureza.

Diferentemente da concepção científica, os dicionários definem caos como confusão geral dos elementos antes de sua separação e da formação do mundo. Em sentido figurado, caos é entendido como limite extremo da confusão, desordem irremediável. Assim, por exemplo, o estado anterior à formação do planeta indica que se trata de conceito fundamentalmente referido ao processo de geração do universo, à situação primordial da qual o cosmos teria surgido como resultado de ordenação. A contraposição cosmos/caos corresponde, portanto, à oposição ordem/desordem.

Outra caracterização para caos vem do grego e significa *espaço vazio*. Caos é o deus primeiro, a origem, na mitologia grega; pai de Erebo, rio dos infernos e da noite, do qual surgem as turbulências, as flutuações e as confusões (Currás, 1993).

No uso regular, então, a palavra "caos" é associada a um estado desordenado, a uma grande confusão. No rigor da ciência, caos é tratado como comportamento aleatório que ocorre em sistemas determinísticos. Para melhor compreensão desses sistemas, é preciso retroceder à perspectiva do mecanicismo newtoniano e à busca pela regularidade. De acordo com essa mecânica, as previsões feitas por meio do conhecimento das forças e das equações do movimento podem ser conhecidas com certeza. Um exemplo clássico do mecanicismo refere-se ao futuro, que é determinado apenas com base no passado, em que acaso e incerteza devem ser negligenciados. O determinismo liga-se à ideia de lei natural e encontra uma expressão precisa na formulação matemática das leis físicas.

A física newtoniana descreve um universo em que tudo acontece precisamente de acordo com a lei; um universo compacto, cerradamente organizado, no qual todo futuro depende estritamente de todo passado.

Por sistemas determinísticos, entende Moreira (1992, p.11), com quem concordamos, "qualquer modelo dinâmico baseado em regras bem definidas e que associam, em um determinado instante de tempo, valores unívocos às variáveis que descrevem o sistema, a partir do conhecimento dessas mesmas variáveis em instantes anteriores".

Determinismo, acrescenta Araújo (1995, p.72), implica a visão de um "comportamento necessário e bem regulado para o universo material e contrapõe-se à ideia de acaso. Esses dois conceitos, determinismo e acaso, evocam o antigo debate filosófico-teológico sobre necessidade e livre-arbítrio, mostrando que o cerne dessa questão é muito anterior à formalização da ciência".

A antítese do determinismo é o acaso, descrito pela teoria da probabilidade, isto é, a descrição de como um grande número de eventos pode comportar-se de maneira previsível, quando esses mesmos eventos, ao serem analisados individualmente, tornam-se imprevisíveis. A probabilidade de cara ou coroa em um número grande de lances de moeda é de aproximadamente 50%, embora não seja possível prever cada lance individual da moeda.

Na perspectiva histórica, o primeiro desafio ao determinismo nasce entre 1920 e 1930 com a teoria quântica, também baseada no cálculo de probabilidades, e o outro desafio ocorre entre 1960 e 1970 com a teoria do caos, na qual a previsão nem sempre é possível, em razão de uma persistente instabilidade abrangendo até mesmo os sistemas deterministas. Nesse período, os cientistas voltam-se aos estudos concernentes às irregularidades da natureza e às possíveis identidades entre essas irregularidades encontradas na natureza, ou seja, começam a estudar o lado descontínuo e incerto da natureza.

Nesse percurso, cientistas de áreas diversas do conhecimento encontram sempre um mesmo padrão de irregularidade, especialmente em relação aos que surgem em escalas diferentes ao mesmo tempo. Essa discussão torna-se particularmente importante em meteorologia, quando a previsão do tempo por longos períodos é uma tarefa quase impossível. O meteorologista Edward Lorenz, ao fazer uma caricatura de uma situação semelhante, diz: "Até o bater de asas de uma borboleta pode mudar as condições iniciais e influenciar o comportamento atmosférico a longo prazo" (Pires & Costa, 1992, p.37).

Caos e determinismo colidem-se desde os tempos dos gregos, assinala Currás (1993, p.249):

> Demócrito com seu azar e necessidade, de um lado, e Aristóteles e Platão com suas leis determinísticas, de outro, representam os polos da controvérsia. Ao longo dos tempos parece que a batalha foi conquistada pelos deterministas. Kant, Laplace, Poincaré são exemplos bem relevantes. Hoje em dia, a balança se inclina para o lado do caos.

Onde existe caos, existe uma densidade semântica que vem sendo explorada por cientistas e filósofos ao longo da história do pensamento ocidental, desde a Antiguidade:

> De um lado, a acepção de mistura, confusão, desordem. De outro, a acepção espacial, de intervalo, de vácuo. De um lado, a desordenada concomitância de todas as qualidades, de todos os pares opostos qualitativos (quente-frio, denso-raro, claro-escuro etc.), que precisam ser relativamente separados para que se instaure o cosmos e seus seres diferenciados. De outro, o onde, o lugar, o espaço, imprescindíveis à configuração das coisas distintas... Os dois aspectos ora se alternam, ora se conjugam, com maior ou menor predominância de um sobre o outro. (Pessanha, 1992, p.59)

Ao referir-se ao caos, James Clerk Maxwell trata-o como pontos singulares ou limites de domínios de atração (bacias), em que um desvio imperceptível é suficiente para levar o sistema a cair em domínios diferentes. São pontos em que influências, cuja magnitude física é muito pequena para ser levada em conta, podem produzir posteriormente efeitos de grande importância (Moreira, 1992).

Desse modo, podemos dizer que caos está presente no comportamento de pequenas alterações que levam a grandes mudanças posteriores, é instabilidade persistente, é imprevisibilidade. Comportamento caótico é um comportamento desorganizado, não periódico e irregular. O que caracteriza um sistema caótico é sua sensibilidade às condições iniciais, que impõe restrições a uma previsão precisa sobre seu comportamento futuro.

INFORMAÇÃO E CONTROLE BIBLIOGRÁFICO

33

No livro *Ciência e método*, publicado em 1908, o grande matemático e filósofo francês Henri Poincaré expõe a problemática resultante da sensibilidade do sistema às condições iniciais. Apresenta esse autor algumas ideias sobre a impossibilidade de predição, considerando que o conhecimento do estado inicial de um sistema é cercado de incerteza (ibidem).

Em um sentido ligeiramente distinto dos anteriores, a Royal Society de Londres define caos como "comportamento estocástico que ocorre em um sistema determinístico". À primeira vista, essa definição pode parecer paradoxal, uma vez que estocástico é sinônimo de aleatório, e determinista significa ser passível de previsão (Christóvão & Braga, 1997, p.37). Ainda nessa perspectiva, Stewart (1991) assinala que o comportamento determinista é governado por uma lei exata e não passível de infração, ao passo que o comportamento estocástico é o oposto, sem lei e irregular, governado pelo acaso.

Corroborando essas afirmações, Tamarit et al. (1992, p.43) consideram caos determinístico uma expressão que contém uma aparente incoerência: a equação matemática que o representa, $x_{t+1} = x^2_t - c$, em que c é uma constante, parece sugerir que é possível prever com exatidão o comportamento do sistema, uma vez conhecida a sua situação inicial. Entretanto, qualquer pequena incerteza, mesmo controlada, que se admita no conhecimento dessa situação inicial, acarretará a ignorância quase absoluta da evolução do sistema. Desse modo, o poder de previsão a longo prazo se desfaz, completam Tamarit et al. (ibidem).

Em artigo publicado pela revista *Ciência Hoje,* em um fascículo especial sobre caos, Rezende (1992, p.29) trata da condição de um sistema quando este apresenta comportamento caótico:

> Caos é um estado complexo caracterizado pela (aparente) imprevisibilidade de comportamento e por grande sensibilidade a pequenas mudanças nas variáveis do sistema ou nas condições iniciais. É observado tanto em sistemas muito simples quanto em sistemas complexos. A condição essencial para um sistema apresentar estado caótico é ser não linear, isto é, apresentar uma resposta não proporcional ao estímulo.

O estudo de sistemas não lineares é relativamente recente e acompanha o explosivo aumento da capacidade de computação, proporcionada pelo advento dos computadores.

Nos sistemas lineares, dizem Pires & Costa (1992), quando as condições de dois experimentos independentes são aproximadamente as mesmas, os estados finais serão também aproximadamente os mesmos. Para os sistemas não lineares, essa situação deixa de ser verdade, e, como resultado, temos o caos determinístico. Consideremos um rio: quando a água se move em baixa velocidade sobre um leito, dizemos que o escoamento tem as características do movimento linear, ou seja, previsível, regular, descrito em termos matemáticos de forma simples; quando a velocidade da água excede um valor crítico, o movimento torna-se turbulento, com redemoinhos localizados que se movem de maneira irregular, complicada e errática, características do movimento não linear.

Com o intuito de melhor visualizarmos as diferenças entre sistema linear e não linear, apresentamos o Quadro 2:

Quadro 2 – Diferença entre sistema linear e não linear

	Sistema linear	Sistema não linear
Em relação ao movimento (é qualitativamente diferente)	regular, podendo ser descrito em termos de funções matemáticas bem comportadas	muda com frequência de um movimento aparentemente regular para um movimento caótico
Mudanças nos parâmetros ou devido a estímulos externos	em geral suave, proporcional à mudança ou ao estímulo	pode produzir uma diferença qualitativa enorme no movimento
Fenômeno de dispersão	um pulso de onda nele localizado decairá devido ao seu alargamento	em contraste, podemos ter estruturas altamente coerentes e estáveis, que permanecem por longo tempo ou, no caso ideal, por um tempo infinito

Fonte: Dados retirados de Pires & Costa (1992).

INFORMAÇÃO E CONTROLE BIBLIOGRÁFICO 35

Os sistemas não lineares, segundo Moreira (1992), apresentam algumas características especiais:

– para certos valores do parâmetro de controle, o sistema mostra um comportamento regular, mas quando um certo valor crítico deste parâmetro é atingido, o sistema passa a exibir bruscamente comportamento caótico;
– comportamento caótico em geral não ocorre em todos os valores dos parâmetros externos e das condições iniciais do sistema;
– comportamentos semelhantes podem ser observados em sistemas totalmente distintos (universalidade).

O pêndulo, neste caso, é uma ilustração esclarecedora. Quando está livre, isto é, na ausência de força externa, seu movimento é regular. Diante de pequena perturbação, para alguns valores das condições iniciais, seu movimento torna-se caótico; para outros valores, seu movimento mantém-se regular e semelhante ao do pêndulo não perturbado.

Diante do exposto, entendemos que a ideia de caos resume a seguinte situação: pequenas causas, grandes efeitos. Essa desproporção aparente gera situações atípicas para os padrões médios dos sistemas em que esses fenômenos se incluem.

Há certas classes de fenômenos que apresentam uma regularidade, nas quais um pequeno erro inicial introduz um pequeno erro no resultado. O curso dos eventos nesses casos é considerado estável. Dão-nos subsídios esclarecedores os exemplos que seguem:

a) a lei dos 80/20:[1] quando aplicada para determinar a medida de um acervo de biblioteca, apresenta uma impressionante inva-

---

1 Enunciada por Trueswell (1969) a partir do modelo de Pareto, de ampla generalização. Expressa um padrão generalizado de distribuição relativa a fenômenos naturais e construídos pelo homem. Essa generalização evidencia uma distribuição desigual de dois conjuntos produtores e produtos quando são colocados em correspondência. Uma pequena parte do conjunto produtor corresponde a uma grande parte do conjunto produzido. Tal fenômeno tem diferentes expressões numéricas e é caracterizado como *lei empírica*, ou melhor, é observado, embora ainda não esteja inserido em um contexto teórico de ampla aceitação (Fairthorne, 1970).

riância na escala. Independentemente do tamanho da coleção, 20% dela atendem a 80% da demanda dos usuários;

b) o comportamento eleitoral: as pesquisas eleitorais, levadas a cabo por conceituadas instituições de pesquisa, têm uma margem surpreendente de acerto, haja vista alguns dos resultados comprovados nas últimas eleições;

c) uma busca via Internet: asseguram Lawrence & Giles (1999) e Bueno & Vidotti (2000) que as ferramentas de busca alcançam no máximo 16% da coleção registrada na Internet, em detrimento dos 84%, em razão das limitações técnicas que envolvem o desempenho de cada ferramenta. Na literatura relativa ao assunto, não há indicação de uma ferramenta de busca ideal. Na decisão por uma delas, devem-se considerar a temática em questão, a expectativa de retorno e ainda o escopo da investigação. Pode-se também utilizar mais de uma ferramenta para realizar a mesma pesquisa.

Outras classes de fenômenos tornam-se sensíveis às perturbações iniciais, mesmo que sejam aparentemente insignificantes. Consideremos, como exemplo, um Sistema de Recuperação de Informação: pequenas alterações em uma política de seleção de documentos ou de indexação de descritores, atividades características das condições iniciais desse processo, provocam grandes alterações na recuperação da informação-potencial. Ou ainda, uma estratégia de busca mal estruturada, como uma palavra grafada erroneamente (descrição/discrição), pode recuperar referências indesejáveis e irrelevantes.

As indagações que dizem respeito ao caos prosseguem, e, por isso, sabemos que o comportamento caótico já é quantificável e previsível, desde que disponhamos de um modelo matemático, analítico ou numérico para descrever o sistema. Os trabalhos recentes sobre o controle do caos colocam perspectivas interessantes para a construção de máquinas com comportamento altamente flexível e adaptativo.

Temos a ideia de que o estudo por computador, de modelos matemáticos realísticos que reproduzam os vários modelos de recuperação da informação, pode trazer um grande benefício para os SRIs e, consequentemente, para o controle bibliográfico. A for-

INFORMAÇÃO E CONTROLE BIBLIOGRÁFICO

mulação de modelos matemáticos que levem em consideração os aspectos fundamentais dos SRIs pode ser de grande valia quando da análise da variação desse sistema e igualmente de sua evolução dinâmica.

Em nosso entender, algumas das pesquisas que tratam do caos tomam a informática como utensílio para realizar seus cálculos matemáticos, e a informática toma os resultados das investigações a respeito do caos para realizar certos programas, jogos, simulações bastante atraentes. A evidência do emprego de simulações tem sido a representação dos fractais. Nessa situação de irmandade entre caos e informática, surge a *informação*, que se manifesta com grande força, invadindo todo o âmbito de ação.

Nesta seção, analisamos a caracterização popular do conceito de caos associada à confusão e à desordem, bem como a contraposição cosmos/caos que tem correspondência com a oposição ordem/desordem. Mostramos, ainda, que o Sistema de Controle Bibliográfico é sensível às alterações iniciais a ele propostas, que levam a grandes mudanças posteriores (característica do caos).

Em resumo, vimos neste capítulo como o conceito de informação tem sido empregado cotidianamente e como informação passou a ser definida como termo científico, sendo ainda objeto de estudo nas diferentes áreas do conhecimento. Apresentamos três aspectos que, até os dias de hoje, prevalecem associados ao conceito de informação para os bibliotecários, arquivistas e documentalista. Vimos, ainda, que a informação-potencial, recuperada nos sistemas de recuperação da informação, com características de imprevisibilidade e de incerteza, aproxima-se da proposta de Shannon & Weaver (1963), a Teoria Matemática da Informação, e de novos paradigmas da ciência relacionados aos sistemas complexos.

Na sequência, vamos examinar o controle bibliográfico em seus diferentes aspectos, incluindo o modo como a análise documentária tem se operacionalizado no sistema e como a informação-potencial vem sendo recuperada, da Antiguidade até nossos dias.

2 CONTROLE BIBLIOGRÁFICO

"Livros são papéis pintados com tinta."

(Pessoa, 1969, p.188)

ANTECEDENTES HISTÓRICOS

A publicação do artigo "Prolegomena to Bibliographic Control", por Egan & Shera (1949), parece ter introduzido na literatura biblioteconômica o conceito de Controle Bibliográfico (CB). Esses autores não definem o termo, mas, ao declararem que CB oferece acessibilidade ao conteúdo e acessibilidade física do documento, delineiam a meta operacional do CB.

A noção de CB ligada ao uso efetivo de máquinas, objetivando um fim previamente estabelecido, é observada nesse texto por Egan & Shera (1949). A proximidade da publicação do texto desses autores com a primeira impressão da obra *Cybernetics*, em 1948, quando Norbert Wiener estabelece os fundamentos da ciência do controle e comunicação no animal e na máquina ou o estudo da regulação e controle dos sistemas, pode não ser mera coincidência.

Anteriormente à época de Wiener, entendia-se máquina como um aparelho mecânico, elétrico ou eletrônico construído pelo homem. Os pesquisadores Egan & Shera ainda extraíram sua analogia da mecânica. Com Wiener, a máquina passa a ser associada ao controle. O vocábulo "máquina", quando usado na cibernética, possui um significado mais amplo: designa qualquer sistema dinâmico que apresente determinado comportamento observável – um pêndulo, um organismo vivo, uma sociedade, um construto mental, ou seja, um sistema conceitual (Ashby, 1970).

A nova expressão Controle Bibliográfico é então adotada por profissionais bibliotecários e documentalistas e, em 1950, formalmente definida em um documento emitido pela Unesco e pela Library of Congress como "o domínio sobre os registros escritos e publicados, suprido pela bibliografia e para os objetivos da bibliografia" (*Bibliographic...*, 1950).

O uso indiscriminado de Controle Bibliográfico para designar desde listas de referências, até mesmo qualquer atividade ligada à armazenagem e recuperação da informação, leva a Unesco (1967), porém, a tratar novamente o conceito como "um termo definido de várias maneiras, mas que transmite a ideia de uma meta que mostrou ser atormentadoramente indefinível". Situação análoga ocorre hoje com explosão da informação, sistema de informação e biblioteca virtual, entre outras.

A ampla utilização da expressão Controle Bibliográfico, aliada a sua fragilidade conceitual, pode ter levado Wilson (1968) a submeter CB a uma incisiva investigação filosófica. Estabelece Wilson (1968) uma distinção entre CB descritivo, que proporciona acesso às características formais e físicas de um documento, e CB exploratório, que permite seu domínio do conteúdo temático. O CB descritivo pode, pelo menos em teoria, ser exercido de maneira completa, mas o chamado CB exploratório, apenas parcialmente.

O controle pleno da recuperação temática das publicações não se faz tão somente com métodos e mecanismos de controle mais potentes, tampouco com a utilização de computadores de última geração. Os entraves que se apresentam são muitos; citaremos os considerados mais importantes: as dificuldades trazidas pelos instrumentos da linguagem, pelo processo dos signos que pode ser estudado no campo de ação da sintaxe, quando se refere às relações formais dos signos entre si; no campo de ação da semântica, quando envolve as relações de significado; e ainda no âmbito pragmático, que implica as relações significativas com aquele que utiliza os signos.

Cabe salientar que, mesmo no século XVI, quando o número de trabalhos publicados é ínfimo se comparado aos índices atuais, apenas *listar* todos os documentos revela-se uma meta enganosa, sendo ainda menos possível a exploração exaustiva e abrangente de seu conteúdo temático.

A abordagem conceitual e teórica, delineada por Shera (1975), visualiza o processo de CB como parte do sistema geral de comunicação da sociedade. Trata do CB no âmbito geral, particular e interno, e descreve os dois primeiros:

– o âmbito geral, de responsabilidade do governo federal, visa beneficiar qualquer cidadão do país e refere-se ao controle dos registros dos materiais bibliográficos que interessam à nação, isto é, em âmbito nacional. O gerenciamento do sistema dá-se por um órgão coordenador com verba do governo central e participação de membros de todos os segmentos interessados no CB;

– o âmbito particular [correspondente hoje à bibliografia especializada ou por assunto] acontece quando um grupo de pessoas com necessidades informacionais específicas demanda um tipo especial de CB. O gerenciamento financeiro fica a cargo do próprio grupo, bem como o planejamento das atividades a serem desenvolvidas.

O âmbito interno, apesar de não ter sido detalhado por Shera (1975), refere-se ao tratamento da informação como incumbência das bibliotecas e instituições afins.

Ao referir-se à bibliografia especializada, Shera aponta como motivo de preocupação a excessiva fragmentação que pode ocorrer com a proliferação de serviços bibliográficos isolados, independentes e sem coordenação, criados sem nenhum vínculo com o controle bibliográfico em âmbito geral e, quase sempre, administrados de acordo com procedimentos próprios.

Com base nesses argumentos, podemos inferir que o Controle Bibliográfico pressupõe ações planejadas e articuladas, envolvendo comunicação entre especialistas e também entre especialistas e usuários do sistema, sejam eles peritos ou leigos.

EVOLUÇÃO DAS BIBLIOGRAFIAS E DOS CATÁLOGOS

O uso eficiente dos recursos bibliográficos de qualquer acervo depende essencialmente da organização de seu material. Afirmativa que se comprova desde que o homem começa a registrar o conhecimento por ele elaborado, preocupando-se simultaneamente com seu controle.

Os primeiros catálogos e bibliografias são puramente listas inventariais e não instrumentos bibliográficos. Nas bibliografias, a ênfase é dada aos autores e não aos livros, são biobibliografias; nos catálogos, únicos tipos de listas bibliográficas, a caracterização dá-se pela técnica pouco elaborada, falta de arranjo e transcrição sucinta e pouco precisa dos títulos (Melo, 1981; Pinto, 1987). Para melhor identificação das obras, que crescem quantitativamente com a invenção da imprensa, os títulos começam a ser utilizados e os acervos das bibliotecas e livrarias passam a exigir uma organização mais criteriosa.

Bibliografia

O sentido da palavra "bibliografia" tem por finalidade a transcrição dos títulos dos livros, segundo a significação etimológica dos termos gregos *biblion* = livros e *graphein* = descrever.

As bibliografias, até o século XVIII, são compilações elaboradas por eruditos, historiadores e mesmo amadores, sem recorrer a métodos ou regras firmados em reconhecidos processos técnicos. A criação do que hoje chamamos bibliografia dá-se em razão do aumento na produção de livros e a consequente necessidade de organização desse material para posterior recuperação.

Um marco na história da bibliografia ocorre na Biblioteca de Alexandria, fundada por Ptolomeu I, especificamente na organização do catálogo sob a direção do poeta e bibliotecário grego Calímaco, cerca de 305-240 a.C. A necessidade de ordenar as referências bibliográficas de produção científica individual se fez sentir no século II, quando Galeno, médico grego, relaciona trabalhos de sua própria autoria para que estes não sejam confundidos com os de outros autores (Caldeira, 1984).

Em um plano mais amplo, outro acontecimento considerável da história da bibliografia ocorre em 1545, poucas décadas após a invenção da imprensa. Trata-se do repertório *Bibliotheca universalis*, do bibliófilo suíço Conrad Gesner, que intenta arrolar todas as obras publicadas em latim, grego e hebraico. Além dos títulos

INFORMAÇÃO E CONTROLE BIBLIOGRÁFICO   43

dos trabalhos, Gesner complementa a lista com anotações, avaliações e comentários sobre a natureza e o valor de cada um dos documentos (Campello & Magalhães, 1997).

Apesar de ser considerada uma bibliografia que abrange todas as áreas do conhecimento, conhecida como geral, *Bibliotheca universalis* não chega a ser universal, uma vez que abarca uma quinta parte da produção bibliográfica europeia.

Com o mesmo objetivo, o de reunir toda a produção bibliográfica editada no mundo, em 1895, na cidade de Bruxelas, Paul Otlet e Henri de la Fontaine criam o *Repertoire bibliographique universel*, que consegue reunir aproximadamente onze milhões de fichas, representando as bibliotecas da Europa e dos Estados Unidos. Além dos dados bibliográficos dos textos indexados, a obra inclui a localização física de cada um deles. As dificuldades financeiras e a *visão utópica* desse trabalho constituem entraves para o Instituto Internacional de Bibliografia, responsável pela publicação do material, prosseguir com as atividades, que se encerram por ocasião da Primeira Guerra Mundial (Pinto, 1987; Campello & Magalhães, 1997).

Ainda com relação ao *Repertoire bibliographique universel*, seus autores fazem referência aos

> Avanços na teleleitura (leitura à distância) e na teleinscrição (escrita à distância), destacando a ausência de um complexo de máquinas – um cérebro mecânico e coletivo – associados para realizar, entre outras, as seguintes operações: classificação e recuperação automática dos documentos; manipulação mecânica de todos os dados registrados para obter novas combinações de fatos, novas relações de ideias. (Pereira, 1995, p.102)

Ao considerarmos essas palavras, vemos o imaginário de Paul Otlet e Henri de la Fontaine projetado hoje na realidade virtual, potencialmente real, exibida através das redes de computadores mundialmente conectadas.

Novas tentativas de produção de bibliografias universais verificam-se nos séculos subsequentes, mas a geração de bibliografias, geral e específica, em diferentes áreas do conhecimento humano, algumas delas propulsoras de novas tecnologias, dá-se nos séculos XIX e XX. No Quadro 3, apresentamos as primeiras bibliografias internacionais.

Quadro 3 – Primeiras bibliografias internacionais

Início	Título	Produto	Observação
1810	*Bibliographie de la France*	Bibliografia de caráter geral	• publicada até hoje com o mesmo título
1830	*Pharmaceutisches Central –Blatt para Chemisches Zentralblatt*	Bibliografia que controla a literatura periódica de química	• hoje com seis subdivisões
1879	*Index Medicus*	Bibliografia que controla a literatura periódica de medicina	• publicada até hoje com o mesmo título
1884	*Enginneering Index*	Bibliografia que controla a literatura periódica de engenharia	• hoje com três subdivisões
1895 1907	*Review of American Chemical Research para Chemical Abstracts*	Bibliografia que controla a literatura periódica de química	• hoje com dezesseis subdivisões
1907	*Readers Guide to Periodical Literature*	Bibliografia que controla a literatura periódica de literatura nos EUA	• hoje com três subdivisões
1933	*Cummulative Book Index*	Controla os livros da língua inglesa	• publicada até hoje com o mesmo título
1950	*British National Bibliography*	Bibliografia de caráter geral	• publicada até hoje com o mesmo título
1961	*Science Citation Index*	Índices de citações	• publicada até hoje com o mesmo título
1967	ISBN (International Standard Book Number) – sistema de numeração capaz de individualizar qualquer título de livro	Código com nove dígitos mais um dígito de controle, aprovado pela ISO 2108 de 1972	• no Brasil, o sistema foi implantado em 1978 por representantes do SNEL, IBICT, IBGE, ABNT. A partir de 1978, a ABNT aprova a NBR 10521 que fixa condições para a atribuição do ISBN
1970	ISSN (International Standard Serial Number) – sistema de numeração capaz de individualizar qualquer título de periódico	Código com sete dígitos acrescido de um dígito de controle, aprovado pela ISO 3297 de 1986	• a NBR 10525 fixa as condições para definir e promover o uso do ISSN no Brasil

Fonte: Carvalho & Caldeira (1978); Pinto (1987); Biblioteca da Unesp – Marília.

INFORMAÇÃO E CONTROLE BIBLIOGRÁFICO

O desenvolvimento industrial no final do século XIX e as grandes guerras do século XX proporcionam um aumento de conhecimento tecnológico. O acúmulo de publicações nessa área leva as indústrias e os institutos de pesquisas a criarem serviços de informação para uso exclusivo de seus membros. Estrategicamente, naquele momento, não visam disseminar a informação para o desenvolvimento científico e tecnológico em geral, mas acabam impulsionando a difusão da bibliografia, como mostram as impressões das publicações a seguir:

Início	Produto	Observação
1970	Atomindex	Controla a literatura sobre energia atômica
1970	Air Pollution Abstracts	Controla a literatura sobre meio ambiente
1975	Agrindex	Controla a literatura sobre agricultura

Fica para nós evidente, após essas colocações, que bibliografia existe a partir da necessidade que o homem tem de organizar o conhecimento gerado por ele, para melhor utilizá-lo. Sua origem remonta ou mesmo antecede os tabletes de terracota da Biblioteca de Assurbanipal e os pergaminhos da Biblioteca de Alexandria. Porém, é no século XIX, em 1885, que bibliografia recebe sua primeira definição oficial, por Daniel Grand, na *Grande encyclopédie,* como sendo a "ciência do livro sob o ponto de vista de sua descrição e de sua classificação" (Figueiredo & Cunha, 1967, p.16).

Em 1934, o Centre de Synthèse Historique, em Paris, destaca os elementos do trabalho bibliográfico que consiste em pesquisar, descrever e classificar documentos, determinando que bibliografia "destina-se, no vasto domínio do livro, à pesquisa, à descrição e à classificação de títulos, visando à utilização prática, científica ou comercial" (ibidem).

Na obra *Cours de bibliographie,* Louise-Noelle Malclès (1954, p.6) resume os conceitos que lhe foram atribuídos até então e define:

> Bibliografia é o conhecimento de todos os textos impressos ou multigrafados. Fundamenta-se na pesquisa, na transcrição, na

descrição e no arranjo desses textos, visando organizar serviços ou elaborar repertórios destinados a facilitar o trabalho intelectual.

A função da bibliografia, para Figueiredo & Cunha (1967, p.19),

consiste em fornecer dados relativos à produção bibliográfica de um determinado país ou de um conjunto de países, e informar sobre a atividade intelectual internacional ou nacional, em cada um dos ramos do conhecimento humano ... são obras de pesquisa ou de consulta, e não de leitura ou estudo, que, indicando o que já foi realizado, ou está em realização nos domínios do saber, visam a facilitar o trabalho científico, técnico ou cultural.

Reconhecida, desde logo, como um meio indispensável para a pesquisa e para o desenvolvimento científico e tecnológico, a bibliografia ainda é objeto de preocupação para estudiosos que procuram aprimorar técnicas e métodos para melhor controlar e divulgar o material bibliográfico existente.

Catálogos

O catálogo de bibliotecas, nas palavras de Shera & Egan (1969, p.11), "começou como simples inventário, ou relação do conteúdo de determinada coleção. Podia ser arranjado alfabeticamente por autor, título, ou assunto, segundo as disciplinas gerais, ou simplesmente conforme a posição dos livros na estante".

As antigas listas de livreiros levam o processo bibliográfico um passo adiante, prosseguem Shera & Egan (p.12),

ao indicar as obras disponíveis, assentando, destarte, os alicerces para nosso moderno sistema de bibliografias especializadas. Pode remontar-se ainda aos livreiros o início de certas funções descritivas da catalogação tais como tamanho, número de páginas, tipos e estado da encadernação, preço e até alguma descrição do conteúdo.

As funções básicas atribuídas ao catálogo, em várias épocas, podem dividir-se em duas categorias principais: as relacionadas com o inventário, que determinam rápida e precisamente a existência de um documento, e as que se prendem à recuperação, pelo acesso por assunto.

As primeiras preocupações com a padronização da descrição bibliográfica podem ser detectadas no trabalho de Andrew Maunsell que, em 1595, publica o *Catalogue of English Printed Books*. Esse trabalho apresenta alguma sistematização, na qual os registros de entrada são recuperados pelo sobrenome do autor, título e/ou assunto, no caso de obras anônimas, e pelo autor e tradutor, quando a publicação é traduzida (Pinto, 1987).

Nesse mesmo século XVI, proliferam os catálogos com finalidade comercial e originam-se as chamadas feiras de livros, tornando-se conhecidas as de Leipizig e Frankfurt, sendo essa última até hoje reconhecida internacionalmente. No século seguinte, os catálogos das grandes bibliotecas apresentam-se impressos, com uma certa sistematização, visando facilitar seu manuseio e ainda um certo padrão na descrição das obras.

Em 1791, a França edita o código nacional de catalogação, que origina o primeiro catálogo em fichas com entradas por autor, regras para localização das obras e ainda estabelecimento de referências. Aquele que é considerado o primeiro dos modernos códigos de catalogação surge no ano de 1839, de Anthony Panizzi, intitulado *British Museum: 91 regras*. Tais regras provocam um movimento conhecido por *Batalha das regras*, do qual participam não só bibliotecários, mas também usuários do Museu e até membros da Câmara dos Comuns (Barbosa, 1978).

Entre as principais características do *British museum: 91 regras*, destacam-se a valorização da página de rosto, a introdução do conceito de autoria coletiva e o cabeçalho de entrada de autor, conforme designa a página de rosto, acatando a vontade do autor.

Assiste-se a um desenvolvimento da sistematização da prática catalográfica, no final do século XIX e início do XX, começando com Panizzi e passando por Cutter, o primeiro teórico da catalogação, que busca sair de uma simples prática para uma metodologia mais científica.

A importância da estrutura dos catálogos de bibliotecas é realmente definida por Charles Ami Cutter em *Rules for a Dictionary Catalog*, publicada no ano de 1876. Nessa obra, Cutter enfatiza seus objetivos e funções, afirmando:

o catálogo deve ser instrumento que permita: a) encontrar um livro do qual se conheça o autor, o título ou o assunto; b) mostrar o que existe numa coleção de um determinado autor, ou sobre uma determinada edição de sua obra. (apud Barbosa, 1978, p.23-4)

No sentido com o qual foi editada, *Rules for a Dictionary Catalog*, juntamente com *ALA Rules for Filing Catalog Cards*, são consideradas ainda as obras mais importantes. Cerca de cem anos depois da impressão de *Rules for a Dictionary Catalog*, é publicada, como resultado da Conferência Internacional sobre Princípios de Catalogação, em Paris, em 1961, uma *Declaração de princípios*, na qual as funções e a estrutura dos catálogos, com pequenas diferenças, são as mesmas expostas por Cutter.

A mudança perceptível na atividade catalográfica do século XX é, na realidade, o requinte; torna-se altamente sofisticada, e a catalogação descritiva começa a demandar decisões complexas, acarretando um atraso considerável no processamento técnico das obras.

Em 1953, Seymour Lubetzky cria o *Cataloging Rules and Principles: a Critique of ALA Rules for Entry and a Proposed Design for their Revision*, que defende o estabelecimento de regras baseadas em princípios e não em casos. Analisa e critica muitas das regras relativas à entrada de cabeçalhos, constantes do código da American Library Association (ALA), indagando sobre a necessidade e o valor de cada uma.

Entendemos que Lubetzky prova a fragilidade do código da ALA pela inconsistência, repetição e arbitrariedade de suas normas, decorrentes, em grande parte, da ausência de um plano e da organização sistemática destas. Esse pesquisador tem por objetivo construir um código baseado mais em condições de autoria do que em tipo de trabalho, o que resulta em uma redução drástica do número de regras e, consequentemente, em sua uniformização. A partir da obra de Lubetzky, nota-se uma preocupação com a racionalização das atividades relativas à catalogação, baseada em regras, que ele chama de condições.

Em 1961, institui-se a cooperação internacional automatizada, tanto no campo da catalogação quanto no campo da bibliografia. Cada ramificação importante do sistema bibliotecário opta pela automação, porém de modo diferente. A área da saúde decide

INFORMAÇÃO E CONTROLE BIBLIOGRÁFICO   49

pela criação de um programa de recuperação dos dados bibliográficos atualizados pelo *Medlars* (Medical Literature Analysis
and Retrieval), ao passo que a Library of Congress desenvolve
um sistema de comunicação computadorizada de informações
bibliográficas de monografias em inglês por intermédio do MARC
(catalogação para leitura à máquina).

O formato MARC, da Library of Congress, que começa efe-
tivamente em 1966, é considerado pela International Standard
Organization (ISO) o primeiro projeto de automação com influência
internacional e estabelece normas de descrição bibliográfica em
forma mecanicamente legível, em uma linguagem-padrão. Por ter
sido considerada uma linguagem-padrão para intercâmbio de informações bibliográficas, o MARC passa a interessar outros países
que, com as alterações devidas a cada um deles, adotam-no na
compilação de suas bibliografias nacionais e serviços centralizados
na catalogação.

No Brasil, em 1972, o então Instituto Brasileiro de Bibliografia
e Documentação (IBBD) começa a usar essa catalogação legível por
computador, pelo chamado Projeto CALCO (Projeto de Catalogação Cooperativa Automatizado), que se baseia no formato MARC
e contempla as necessidades brasileiras.

O projeto MARC impulsiona a catalogação a ajustar-se à mecanização a fim de possibilitar que um livro seja catalogado uma
única vez em seu país de origem, proporcionando, entre outras
facilidades, uma rápida troca de informações.

O precursor dessa catalogação única é Charles Jewett. O
projeto por ele construído, em 1852, mostra-se tecnicamente ine-
xequível, mas com concepção básica correta: tornar acessíveis os
registros disponíveis no catálogo do Instituto Smithsoniano a todas
as bibliotecas que neles têm interesse e, ainda, criar um centro
nacional de bibliografia em parceria com respeitáveis bibliotecas
americanas. Desse modo, não há duplicidade de trabalho, o que
permite maior agilidade do processo técnico dos documentos. "A
catalogação seria feita somente uma vez e das chapas assim produzidas poderia ser elaborado um catálogo nacional. A ironia é que,
embora a ideia fosse boa, a tecnologia para confecção e estoque
das chapas era tão elementar" (Hickey, 1977, p.568).

O avanço tecnológico que viabiliza o plano de Jewet dá-se no século XX, circunstância adequada para a Library of Congress aperfeiçoar o sistema por ele proposto, antes mesmo que um catálogo nacional pudesse tornar-se realidade. A catalogação de qualquer obra na fonte, uma única vez, em seu país de origem, passa a ser requisito obrigatório do Controle Bibliográfico Universal.

Toda essa sequência de fatos contribui para a organização da Reunião Internacional de Especialistas em Catalogação (RIEC), em 1969, em Copenhague. A RIEC tem como objetivo conseguir uma padronização internacional da catalogação descritiva, considerada imprescindível ao bom desempenho da catalogação compartilhada e necessária à disseminação da informação (Maia, 1975).

Nesse sentido, a Library of Congress trabalha em duas frentes: aprimorar o mecanismo de processamento rápido dos materiais bibliográficos em várias línguas e agilizar a distribuição de fichas catalográficas de modo eficiente; e também participar ativamente do processo de revisão do código de catalogação. As duas primeiras edições do Código de Catalogação Anglo-Americano (AACR) ocorrem no período de 1967 e 1978. A segunda edição torna-se conhecida como AACR-2 e trata de uma abordagem integrada na catalogação de diversos materiais bibliográficos. A tradução para o português acontece entre os anos de 1983 e 1985.

Ainda em 1978, o atual Instituto Brasileiro de Informação em Ciência e Tecnologia (IBICT), antes IBBD, lança o *Catálogo coletivo nacional de publicações periódicas* (CCN), resultado da cooperação de aproximadamente mil bibliotecas brasileiras, que exibe o estado de coleções periódicas existentes nas bibliotecas e instituições de pesquisas do Brasil. Concomitantemente, o IBICT cria o Serviço de Comutação Bibliográfica para oferecer cópia de artigo de periódico constante do CCN aos interessados. Esse catálogo é distribuído em microficha até 1990, depois em CD-ROM (disco compacto somente para leitura) e hoje disponível também via Internet.

Diante da evolução das bibliografias e dos catálogos, evidenciamos que:

- a pesquisa, além dos limites do catálogo de uma biblioteca, reclama a cooperação entre bibliotecas em âmbito nacional e internacional; a necessidade de bibliografias, principalmente das especializadas; e a indicação das bibliotecas que agregam os documentos pertinentes à investigação e ao modo eficaz de obtê-los;

- nas diferentes iniciativas de ambos, salvo exceções, não são devidamente valorizadas as condições exigidas para seu pleno funcionamento, ou seja, malogram padrão, norma, cooperação nacional e internacional e falham também as ações planejadas e articuladas que devem envolver especialistas e usuários do sistema.

Hoje, por entendermos imperativas as forças que nos impelem rumo à padronização internacional, à cooperação recíproca entre países e às redes de informação automatizadas, consideramos que cada catálogo e cada bibliografia locais dispõem de potencial para contribuir com a implantação do Sistema de CB, tanto em âmbito nacional quanto universal.

CONTROLE BIBLIOGRÁFICO UNIVERSAL

A expressão Controle Bibliográfico é recente, data de 1949, porém sua prática remonta à Antiguidade. Até Guttenberg inventar a imprensa, período de produção restrita de livros, Controle Bibliográfico é visto como uma atividade possível de ser praticada, uma vez que as bibliotecas guardam em seus acervos coleções quase completas. As bibliotecas são as primeiras instituições responsáveis pelo CB, e os catálogos e bibliografias nelas existentes os primeiros instrumentos para viabilizá-lo.

O Controle Bibliográfico Universal (CBU), idealizado pela IFLA e adotado pela Unesco, deve ser entendido como um programa com objetivos de longo alcance e cujas atividades levam à formação de uma rede universal de controle e intercâmbio de informações bibliográficas, de modo a tornar prontamente disponíveis, com rapidez e de forma universalmente compatível, os dados bibliográficos básicos de todas as publicações editadas em todos os países (Anderson, 1974, 1978; Melo, 1981; Caldeira, 1984; Campello & Magalhães, 1997).

Ainda hoje, a IFLA lidera o CBU e faz uso da Catalogação de Leitura Mecânica, possível pela cooperação do Projeto MARC, que exige a adoção de princípios internacionalmente aceitos, com esforços direcionados à coordenação de sistemas e normas para o desenvolvimento do CB nacional.

Um marco respeitável na história do CB é, inquestionavelmente, a invenção da imprensa e, como consequência, o desenvolvimento mais acelerado da pesquisa. O registro do conhecimento dissemina-se apenas na forma de livro até 1665, mas o crescimento da ciência experimental exige a criação de um novo tipo de suporte bibliográfico, o periódico científico. O *Journal des Sçavans* é citado como o primeiro material do gênero (Campello & Magalhães, 1997).

De meados do século XVII até os dias de hoje, a literatura periódica aumenta ininterruptamente. O sinalizador dessa realidade são os dados publicados no *Ulrich's International Periodicals Directory*, que, em sua edição de 2000, com cinco volumes, relaciona perto de 158 mil títulos de periódicos regulares e irregulares, além de 10 mil títulos que já tiveram cessadas suas publicações.

A complexidade do ambiente informacional não se limita, porém, ao volume de publicações, mas também à variedade de tipos de publicações. Um número considerável deles ocupa hoje esse universo da informação, juntamente com o livro e o periódico: documentos oficiais, anais de eventos, dissertações e teses, relatórios técnicos e científicos, entre outros, e as conhecidas publicações eletrônicas, nas quais a informação se desvincula de seu suporte físico tradicional.

A diversidade de registro bibliográfico, hoje existente, torna o CB um sistema cada vez mais complexo, exigindo responsabilidade tanto do setor privado quanto do setor público, com a finalidade de buscar novas soluções que o viabilizem.

A partir do século XIX, o CB foi sendo estabelecido e sistematizado, de modo a possibilitar uma análise sob diferentes abordagens: a dos profissionais bibliotecários e documentalistas, que contribuem para o desenvolvimento e o aperfeiçoamento de técnicas que agilizam a recuperação da informação; a influência de instituições internacionais como Library of Congress, Unesco, IFLA, no registro e controle das publicações, principalmente no estabeleci-mento de normas e padrões; a organização de eventos que possibi-litam o encontro de especialistas e, como consequência, a interação de ideias e experiências; e da editoração, que publica códigos, em vários idiomas, com o intuito de padronizar práticas de CB.

O assunto também desperta o interesse do governo federal, e o tratamento da informação assume um caráter político, como instrumento de desenvolvimento e fonte de poder. A informação, vista desse modo, pode tanto ser distorcida quanto suprimida, como já vimos no primeiro capítulo deste livro. Em qualquer das situações, acarreta limitação das alternativas de escolha no âmbito da sociedade civil e do cidadão, em particular.

Com relação a esse respeito, Caldeira (1984) relata uma sequên-cia de fatos que culmina com a institucionalização do CB: realizam-se eventos internacionais e criam-se grupos de trabalho para estudar os princípios da catalogação (1954); sente-se a necessidade de cooperação internacional no campo de atuação da bibliografia e da catalogação (1961); procura-se estabelecer normas internacionais de descrição bibliográfica (1969); o Controle Bibliográfico Universal (CBU) é tema principal de importantes reuniões (1973); incentiva-se cada país a coordenar seus próprios serviços da informação, tendo em vista um sistema mundial (1974). Esse conjunto de atividades garante a execução do sistema de CB, em âmbito universal.

As diretrizes que devem servir de guia para os países engajados na obtenção de um efetivo CB e, ainda, as estruturas de sustentação do CBU, com base no CB de cada nação, são aprovadas em 1977, quando da realização do Congresso Internacional sobre Bibliogra-fias Nacionais, na cidade de Paris.

Outro evento, o Seminário sobre CBU no Rio de Janeiro, em 1972, coordenado pela IFLA, assinala o grau de complexidade que emana da organização de um sistema de CB e ressalta a importância da cooperação entre bibliotecas, da criação de uma Agência Biblio-gráfica Nacional (ABN) e da Indústria e do Comércio Livreiros, para se obter sucesso no Controle Bibliográfico Nacional, que deve preceder qualquer tentativa em âmbito mundial.

Em cada país, a ABN deve ligar-se, preferencialmente, ao Sis-tema Nacional de Bibliotecas, com a finalidade de fazer transitar as recomendações traçadas pelos órgãos coordenadores do programa de CBU. Sugere a Unesco que a ABN funcione como um órgão setorial da Biblioteca Nacional, em razão da semelhança de atividades das duas instituições.

O que mais importa, porém, é que à ABN seja atribuída, por lei, a responsabilidade de coordenar os mecanismos que facilitem os processos de captação e registro bibliográfico definitivo dos documentos, com objetivo de tornar acessível o conhecimento produzido no país e de cumprir determinações relativas ao depósito legal. Tais incumbências efetivam-se, primordialmente, com a devida aplicação dos códigos e normas bibliográficas, aceitos internacionalmente como o Código de Catalogação Anglo-Americano (AACR), da Descrição Bibliográfica Internacional Normalizada (ISBD), do Número Internacional Normalizado para Publicações Seriadas (ISSN) e do Número Internacional Normalizado para Livros (ISBN).

A realização desses encargos vai se concretizar caso a ABN, além de ser criada por dispositivo legal, assegure que seus objetivos e funções sejam fixados, bem como alocados os recursos humanos, materiais e financeiros necessários à produção de uma bibliografia nacional, resultado concreto desse trabalho.

Em relação ao compromisso da Indústria e do Comércio Livreiros para o cumprimento do CB no Brasil, há legislação que o prescreve. O dispositivo legal brasileiro referente ao depósito legal data de 1847 e *obriga* cada editora instalada em território nacional a remeter um exemplar de cada documento por ela impresso à Biblioteca Nacional e ainda *pune* aquela que desobedecer a ele.

Das muitas inovações implantadas nos últimos trinta anos ao sistema de CB, são quatro as de maior e mais duradouro significado, conforme aponta Markuson (1976, p.12), com quem concordamos:

a) o conceito de CB como uma responsabilidade federal;
b) a associação bibliográfica entre os setores público e privado com fins lucrativos;
c) a aplicação de computadores ao CB; e
d) desenvolvimento das redes bibliotecárias.

INFORMAÇÃO E CONTROLE BIBLIOGRÁFICO

Com o advento dos computadores ou, mais especificamente, com seu uso em larga escala, a partir de 1970, os princípios que regem o CB passam por uma nova revisão. Os métodos tradicionais de controle da literatura mostram-se ineficientes e antieconômicos, e a adoção dos processos automatizados torna-se imperativa. Diante do que vimos, podemos inferir que, fatalmente, o êxito do CBU depende do empenho de cada país cooperante no sentido de que haja um planejamento nacional, integrado em âmbito internacional, com finalidade de constituir um sistema global devidamente gerenciado.

Em seu artigo "Le controle bibliographique universel: évaluation et perspectives", Suzanne Honoré (1973) afirma que

> esforços devem ser conjugados para a criação de um sistema internacional de permuta da informação, pelo qual a descrição bibliográfica normalizada de cada publicação deverá ser estabelecida em seu país de origem e distribuída por uma agência nacional. Os meios de distribuição devem ser fichas ou registros legíveis por máquinas. A eficiência do sistema dependerá da máxima normalização da forma e do conteúdo da descrição bibliográfica.

Esse pensamento é convergente com as palavras de Anderson (1974, p.11), ao afirmar que para o estabelecimento do CBU é necessário

> o imediato registro bibliográfico de cada obra logo após a sua publicação, em seu país de origem, de acordo com normas internacionais, aplicáveis a sistemas manuais ou mecanizados, e imediatamente disponíveis numa forma internacionalmente aceita.

Em discurso proferido, Liebaers (1973, p.13) mostra que o funcionamento do sistema de CBU exige suportes imprescindíveis, como:

> 1) planejamento a curto e longo prazo, baseado em inquéritos elaborados com objetividade e consequente seleção e análise de dados; 2) projetos de cooperação bibliotecária visando, particularmente, à integração de unidades ou serviços dispersos e desarticulados; 3) unificação de processos técnicos; 4) levantamento dos recursos reprográficos e audiovisuais disponíveis; 5) acessibilidade ao material bibliográfico, o que implica a eliminação das barreiras que entravam

a ampla circulação do livro; 6) existência ou organização de bibliografias nacionais, regionais locais e especializadas, cuja periodicidade seja regular; 7) organização e atualização de catálogos coletivos de livros, publicações periódicas, de assuntos e de materiais ou "meios" não impressos; 8) catalogação-na-fonte (*cataloging-in-publication*); 9) automação dos serviços bibliotecários; 10) apoio por parte dos órgãos oficiais.

A Unesco, organismo internacional com incumbência de facilitar o acesso de todos à literatura e à arte, percebendo a importância da informação científica como elemento propulsor do desenvolvimento econômico, fez realizar em 1971 uma reunião da qual participaram representantes de oitenta países, entre eles o Brasil, com o intuito de estudar e aprovar a viabilidade da formação de um sistema mundial de informação científica e tecnológica.

Delibera-se a partir desse evento, em 1972, a criação do Unisist (Sistema Internacional de Informação Científica), um programa intergovernamental da Unesco, para coordenar atividades relacionadas ao intercâmbio de informações que visam ao desenvolvimento da ciência e da tecnologia. A otimização dos meios de comunicação entre sistemas e de transmissão da informação, a formação de especialistas da informação e ainda a elaboração de políticas para o estabelecimento de redes de informação são alguns dos objetivos preconizados pelo Unisist (Kalwasser, 1971).

A esse respeito, é de considerável valor a contribuição da Federação Internacional de Informação e Documentação (FID) que se empenha na formação de sistemas de informação junto às Organizações Internacionais não Governamentais (ONGs).

Tendo como escopo a geração de sistemas, não apenas em ciência e tecnologia, mas também em ciências humanas, em 1974 o programa de assistência da Unesco ratifica a ideia do Natis (Sistemas Nacionais de Informação). Em âmbito nacional, esse programa visa atender uma categoria mais ampla de usuários e igualmente oferecer meios para o desenvolvimento de um sistema de biblioteca, arquivo e documentação ao país que por ele tiver interesse.

O movimento coeso para a implantação do Natis no Brasil, pelas indicações noticiadas na sequência, revela a certeza da proximidade de obtenção de um CB efetivo:

INFORMAÇÃO E CONTROLE BIBLIOGRÁFICO   57

a) o IBBD, unidade subordinada ao Conselho Nacional para o Desenvolvimento em Ciência e Tecnologia (CNPq), atuará como órgão normativo para a implementação do Natis no Brasil, dentro dos programas bibliográficos internacionais;

b) as entidades brasileiras cooperarão no estabelecimento de um CB nacional, de acordo com as diretrizes do CBU, programa IFLA/Unesco;

c) a Biblioteca Nacional atuará como órgão responsável pelo depósito legal de toda produção bibliográfica brasileira e divulgará a bibliografia brasileira corrente dentro das diretrizes estabelecidas pelo CBU;

d) haverá adoção de formato único para o processamento de dados bibliográficos referentes à produção nacional (Melo, 1981).

Em 1976, no Brasil, materializa-se a ideia de um sistema nacional de informação, com a fundação do IBICT (substituto do IBBD), órgão do CNPq, cuja responsabilidade é a de coordenar o Sistema Nacional de Informação Científica e Tecnológica.

No ano seguinte, 1977, a Unesco certifica-se da coincidência de objetivos entre os programas Unisist e Natis e conduz a criação de um novo órgão, o Programa Geral de Informação (PGI), que reúne os objetivos de ambas as instituições: favorecer a cooperação entre os Estados membros do programa, assegurar a continuidade e o desenvolvimento das ações empreendidas pelo Unisist, fomentar o conceito de planificação global dos sistemas nacionais de informação – Natis, incrementar a contribuição das bibliotecas quanto ao desenvolvimento da educação, ciência e cultura, e aplicar técnicas modernas de registro, tratamento e recuperação da informação.

A partir dessa exposição, entendemos que o emprego apropriado de todas as recomendações de CB nos países cooperantes do CBU garante, certamente, o acesso mais rápido à informação e oferece condição de segurança à preservação do patrimônio intelectual de cada nação. Entretanto, o arrefecimento do entusiasmo de alguns, produzido por obstáculos de natureza técnica e por dificuldades conjunturais, aliado à falta de uma política que defina o papel dos organismos participantes, cooperam para que haja um processo de desaceleração do CBU. O Controle Bibliográfico Brasileiro, parte do sistema CBU, continua a merecer cuidados especiais com enfoque à problemática do depósito legal, às instituições públicas e privadas envolvidas no processo, e à bibliografia nacional.

CONTROLE BIBLIOGRÁFICO BRASILEIRO

A publicação do material bibliográfico denominado bibliografia nacional é a modalidade mais difundida do CB em qualquer país cooperante do CBU. Nesse documento deve ser registrado todo conhecimento humano gerado e editado por uma nação, o qual será incorporado ao acervo da Biblioteca Nacional, como garantia da conservação daquele patrimônio bibliográfico, com base na legislação do depósito legal.

Na perspectiva da Unesco, a manutenção desses dois instrumentos, Biblioteca Nacional e Bibliografia Nacional, é que estabelece a base para o CB em cada país que, por sua vez, constitui a estrutura de sustentação do CBU.

No Brasil, a Biblioteca Nacional tem origem com a Real Biblioteca da Ajuda, pertencente à corte portuguesa e trazida para nosso território por ocasião da vinda de Dom João VI e da família real, em 1810. Existem, porém, Bibliotecas Nacionais cuja fundação remonta ao século XV, como a da França.

Surpreendentemente, o papel e as funções da Biblioteca Nacional apenas no ano de 1955 passam por esquadrinhamento e análise com ênfase em seus recursos e não em suas atividades. Em trabalho apresentado no Simpósio sobre Bibliotecas Nacionais, em Viena, em 1958, Frank Francis (1960, p.21) define a Biblioteca Nacional "como a que tem o dever de colecionar e preservar, para a posteridade, os trabalhos dos escritores do respectivo país". Todas as demais atribuições destinadas à Biblioteca Nacional em todo lugar emergem dessa base proposta por Frank Francis, assegura Anderson (1977).

Veremos, na sequência, o tratamento que recebe no Brasil a publicação da bibliografia nacional, imprescindível para o bom andamento de um CB, bem como a legislação brasileira que a torna viável, aquela referente ao depósito legal.

Depósito Legal

Depósito Legal (DL) pode ser entendido como uma exigência, por força de lei, da remessa à Biblioteca Nacional de um exemplar de todas as publicações produzidas em território nacional, por qualquer meio ou processo (Anderson, 1977; Campello & Magalhães, 1997).

O objetivo principal do DL é assegurar a coleta, a guarda e a difusão da produção intelectual brasileira, tendo em vista a preservação e a formação da Coleção Memória Nacional. Complementando, Caldeira (1984) e Campello & Magalhães (1997) assinalam que o objetivo primário do DL é elaborar a bibliografia nacional e formar o conjunto de obras que representa a herança cultural de uma nação e que, em geral, é abrigado na Biblioteca Nacional.

Para efeito de DL, considera-se publicação não só a obra impressa em papel, mas também as registradas em qualquer suporte físico, resultante de processo de produção destinada à venda ou à distribuição gratuita. Os principais tipos são:

- monografias (livros, folhetos não destinados à propaganda, publicações oficiais, atas, relatórios técnicos);
- periódicos (jornais, revistas e boletins com circulação nacional, regional ou institucional, incluindo os editados por qualquer tipo de órgão, grupo, associação política, empresarial, sindical, religiosa, ideológica);
- publicações em fascículos;
- fitas cassete, LPs, fitas de vídeo, filmes, CDs, contendo som e/ou imagem;
- folhetos, livretos e partituras musicais;
- fotos, estampas, desenhos, medalhas;
- mapas, plantas, cartazes.

Há certos tipos de obras que o DL não recebe. Por exemplo:

- material de propaganda, incluindo folhetos de ofertas de bens móveis e imóveis, *folders* de candidatos políticos, convites para visita a templos, brindes (como agendas e marcadores de livros);
- recortes de jornais, à exceção de publicações do tipo *clipping*;

- publicações fotocopiadas;
- obras não editadas, como originais de livros, que devem ser enviados ao Escritório de Direitos Autorais;
- teses universitárias não editadas, sendo de competência das universidades de origem sua guarda e tratamento.

A preocupação com o DL no Brasil data da época do Império e o primeiro dispositivo legal sancionado é o Decreto Legislativo n.433, de 3 de julho de 1847, que "obriga os impressores a remetter na Côrte á Bibliotheca Publica Nacional, e nas Provincias á Bibliotheca da Capital, hum exemplar de todos os impressos que sahirem das respectivas Typographias" (*Collecção*..., 1847).[1]

O Decreto n.1.283, aprovado em 26 de novembro de 1853, estabelece as instruções a serem observadas na execução do Decreto n.433. Em seu artigo primeiro, recomenda que "todos os impressos que sahirem das Typographias do Municipio da Côrte serão remettidos á Bibliotheca Publica Nacional no dia de sua publicação e distribuição". O segundo artigo fixa que, "não se verificando a remessa no dia designado, o Bibliothecario a exigirá do impressor, o qual será obrigado a faze-la dentro de vinte e quatro horas, sob as penas do artigo 128 do Codigo Criminal". Ao findar esse prazo, o artigo sexto estabelece que "o Bibliothecario dará immediatamente parte ao Promotor Publico da desobediencia ocorrida, a fim de tornar-se effectiva a punição alli declarada pelos meios marcados na Lei" (*Collecção*..., 1853).

O aperfeiçoamento da determinação dos decretos 433 e 1.283 culmina no Decreto n.1.825, de 20 de dezembro de 1907 (*Collecção*..., 1908), que amplia a obrigatoriedade do DL aos administradores de oficinas, tipografias, litografia, fotografia ou gravura situados no Distrito Federal e nos Estados. Esse mesmo decreto, em seu artigo quinto, preconiza que "a Bibliotheca Nacional publicará regularmente um boletim bibliographico que terá por fim principal registrar as acquisições effectuadas em virtude

---

1   A Biblioteca da Unesp-Marília possui em seu acervo a coleção completa das leis do Império e da República do Brasil (Seção de Obras Raras).

INFORMAÇÃO E CONTROLE BIBLIOGRÁFICO 61

desta Lei". Instruções aprovadas nos anos de 1922 e 1930 complementam aquelas já existentes.

Tentativas vêm sendo empreendidas para a reformulação do Decreto n.1.825, por meio de projetos de lei exibidos no Congresso Nacional. A primeira delas, o Projeto n.5.529 declara explicitamente o objetivo do DL, conforme recomendação da Unesco, mas é definitivamente arquivado em 1989, após tramitar pelos órgãos competentes. Outro exemplo é o Projeto de Lei n.3.803, encaminhado em 13 de dezembro de 1988 ao Congresso Nacional, mas que se encontra ainda em tramitação. A última ação envolvendo esse documento dá-se em 28 de setembro de 1999.

Os dois últimos projetos empregam meios para modernizar a legislação vigente no que tange às sanções, à terminologia dos novos processos gráficos e à extensão do DL também para a Biblioteca da Câmara dos Deputados, e indicam que há preocupação por parte dos dirigentes da BN em transformar o DL em instrumento efetivo de preservação e divulgação da cultura em nosso país.

Uma análise da legislação brasileira relativa ao DL permite-nos afirmar que, teoricamente, essa é a solução para contornar os obstáculos concernentes ao controle, à elaboração e à divulgação do material bibliográfico produzido no Brasil. Todavia, a realidade mostra-nos que não basta o estabelecimento de uma legislação que regule o DL, pois este, mesmo prescrito por lei, não se tem efetivado. Esse desconhecimento ou o não cumprimento da lei coopera para tornar ainda mais complexos os problemas referentes ao Controle Bibliográfico Brasileiro.

Bibliografia nacional

Bibliografia nacional deve ser entendida como um repertório que relaciona material bibliográfico de todos os assuntos, publicado dentro do território de determinado país. A publicação periódica desse suporte de informação possibilita a acumulação dos registros bibliográficos que certamente reflete a cultura e a evolução da nação ao longo do tempo e tem utilidade e valor histórico, podendo revelar tendências, progressos e interesses do país.

As bases do conceito moderno de bibliografia nacional foram estabelecidas no Congresso Internacional sobre Bibliografias Nacionais, em 1977, que teve como objetivos:

- estabelecer padrão mínimo para a cobertura, o conteúdo e a forma da bibliografia nacional com o fim de intercâmbio dos registros;
- obter consenso quanto à apresentação, ao arranjo e à periodicidade da bibliografia nacional;
- estudar a possibilidade de compartilhar recursos que auxiliem os países a alcançar o CB, seja utilizando métodos manuais, seja utilizando métodos computadorizados.

Em 1886, nasce a primeira bibliografia nacional brasileira: *Boletim das acquisições mais importantes feitas pela Bibliotheca Nacional,* apresentando as seções de imprensa, manuscrito, estampa e numismática. Dois anos depois de iniciado, após a edição do terceiro volume, o referido boletim deixa de ser publicado.

Com o compromisso de cumprir o que preconiza o artigo quinto do Decreto n.1.825, de 20 de dezembro de 1907, o *Boletim Bibliográfico,* da Biblioteca Nacional, passa então a ser editado regularmente, até que problemas administrativos impõem a interrupção da publicação por trinta anos, nos períodos de 1922-1930, 1932-1937, 1939-1944, 1946-1950 e de 1968-1972, acarretando perdas consideráveis à bibliografia nacional, que jamais poderão ser recuperadas.

Embora beneficiada pela legislação do depósito legal, a Biblioteca Nacional não consegue manter a produção regular e atualizada do *Boletim Bibliográfico.* O Instituto Nacional do Livro (INL), que nasce em 1937, aproveitando-se dessa omissão da Biblioteca Nacional, nos anos de suspensão do referido boletim, lança-se no campo da bibliografia com a impressão da obra *Bibliografia brasileira,* com arranjo de catálogo-dicionário. O INL publica apenas onze volumes da *Bibliografia brasileira,* no período correspondente aos anos de 1938-1955.

Em 1956, o INL passa a editar a *Revista do Livro* que, desde seu primeiro volume, divulga uma bibliografia brasileira corrente. Em 1968, o mesmo instituto publica o primeiro fascículo da *Biblio-*

INFORMAÇÃO E CONTROLE BIBLIOGRÁFICO

grafia brasileira mensal, que apresenta as referências bibliográficas obedecendo a uma ordem sistemática, índices onomásticos e biblionímicos e ainda uma lista de periódicos e de editoras.

No campo da iniciativa privada, enquanto a Biblioteca Nacional mais uma vez se descuida da publicação do *Boletim Bibliográfico,* o bibliógrafo Antonio Simões dos Reis tem a pretensão de, sozinho, referenciar toda a produção bibliográfica do país. Nos anos de 1942-1943, publica dezesseis volumes de sua obra *Bibliografia nacional,* com arranjo alfabético por matérias e índices temático e onomástico, que vem a fracassar depois disso. Em uma época em que a explosão bibliográfica é um convite ao trabalho de equipe, o aludido profissional tenta solitariamente, e de modo artesanal, conservar a tradição de bibliógrafos antigos, relata Fonseca (1972).

Outro investimento particular, que apresenta uma inovação, é o *Boletim Bibliográfico Brasileiro,* que esteve sob responsabilidade do escritor José Cruz Medeiros. Publicado em doze números, abrangendo os anos de 1952-1964, contém nos primeiros apenas referências bibliográficas e, depois de 1958, resenha da bibliografia brasileira, com as referências organizadas em arranjo sistemático (Fonseca, 1972).

No tocante à literatura científica e tecnológica, seu controle é ainda mais complexo no Brasil. Mesmo contando com as bibliografias editadas pelo IBICT, e com a atuação de outras consideráveis instituições, há determinadas fontes bibliográficas, como teses e dissertações, relatórios, traduções, que têm tiragens limitadas e distribuição mal articulada. Esses empecilhos, além de outros, afetam a organização e a publicação das bibliografias e igualmente a sua atualização.

Para melhor concebermos o panorama da bibliografia nacional, optamos por arrolar as mais significativas no Quadro 4.

Com base nos dados explicitados nesse item e mais bem visualizados no Quadro 4, ficam evidentes:

• a duplicidade desnecessária de trabalho em determinados períodos de duas respeitáveis instituições brasileiras, a Biblioteca Nacional e o Instituto Nacional do Livro;
• a periodicidade irregular das obras;
• a interrupção e o atraso das publicações.

64   ANA MARIA NOGUEIRA MACHADO

Quadro 4 – Algumas organizações brasileiras e suas
contribuições bibliográficas

Instituição	Produto	Período de publicação
Biblioteca Nacional (BN)	*Boletim das acquisições mais importantes feitas pela Biblioteca Nacional*	1886-1888
	Boletim Bibliográfico	1918-1982 interrompido por 30 anos
Instituto Nacional do Livro (INL)	*Documentos Históricos*	1928
	Bibliografia Brasileira Corrente	1938-1955
	Bibliografia Brasileira Mensal	1968-1972
Instituto Brasileiro de Bibliografia e Documentação (IBBD)	*Revista do Livro*	1956-1970
	Relatório	1954-1975
	Bibliografia Brasileira de Documentação	v.1-5, 1911-1980
Instituto Brasileiro de Informação em Ciência e Tecnologia (IBICT)	*Catálogo Coletivo Nacional CCN*	1978-até hoje
	Bibliografia Brasileira de Ciência da Informação	1980
Instituto Nacional de Estudos Pedagógicos (Inep)	*Bibliografia Brasileira de Educação*	1953-até hoje
Instituto Brasileiro de Geografia e Estatística (IBGE)	*Anuário Estatístico do Brasil*	1908-até hoje
Biblioteca Municipal Mário de Andrade	*Boletim Bibliográfico*	1943-1952
Unesp/USP/Unicamp	*Unibibli*	1993-até hoje
Centro Latino-Americano e do Caribe de Informação em Ciências da Saúde (Bireme)	*Lilacs*	1981-até hoje
Fundação Getulio Vargas (FGV)	*Bibliografia Econômico-social*	1950-1954
	Bibliodata	1972-até hoje

Fonte: Carvalho & Caldeira (1978); Pinto (1987); base de dados CCN-IBICT.

INFORMAÇÃO E CONTROLE BIBLIOGRÁFICO 65

Tais falhas acarretam descontinuidade dos registros bibliográficos, sem aparente possibilidade de correção, e denotam a debilidade dos planos nacionais e ainda a desatenção, principalmente de nossos governantes.

Por ser a rapidez na obtenção da informação o ponto crucial do Controle Bibliográfico, a inclusão dos elementos bibliográficos nas bibliografias nacionais carece de uma cobertura mais exaustiva, criteriosa e precisa, além de uma periodicidade bastante definida.

Pudemos evidenciar, neste capítulo, que as forças que nos impelem rumo à padronização internacionalmente aceita parecem inexoráveis. O fato de o CBU ser tema principal dos mais importantes eventos da área, em todo o mundo, parece oferecer sustento a essa afirmação. O desenvolvimento das bibliografias e dos catálogos, a catalogação de cada item uma única vez, conhecida como catalogação na fonte, a prescrição por lei do depósito legal e o estabelecimento de um conjunto de normas técnicas para garantir a viabilização do sistema de CBU são algumas das contribuições que, como acabamos de analisar, fundamentam a imperiosidade da padronização.

A junção desses elementos forma uma totalidade com contornos bem definidos. A esse conjunto é dado o nome de sistema e, nesse caso específico, Sistema de Controle Bibliográfico. Controle Bibliográfico e o emprego de novas tecnologias e o Controle Bibliográfico como sistema de recuperação da informação são os temas a serem analisados no próximo capítulo.

3 CONTROLE BIBLIOGRÁFICO COMO SISTEMA

"Que coisa é o livro? Que contém sua
frágil arquitetura aparente?
São palavras, apenas, ou é a sua
exposição de uma obra confidente?
De que lenho brotou? Que nobre instinto
de prensa fez surgir esta obra de arte
que vive junto a nós, sente o que sinto
e vai clareando o mundo em toda parte?"

(Drummond de Andrade, 1973, p.586)

DA BUSCA MANUAL AO SISTEMA DE CONTROLE BIBLIOGRÁFICO

A literatura mostra-nos que, até o final dos anos 1960, o número de artigos referente a códigos e regulamentos de CB é avassalador, em contraste com o número de artigos que tratam da utilização do sistema e dos critérios de custo. Na década seguinte, constata-se que, embora haja trabalhos que tratem das diretrizes de um CB, um número significativo de textos indica uma preocupação com o uso do sistema, com a reorganização do fluxo de todas as atividades que o envolvem e com o custo de sua produção (Markuson, 1976).

Nos decênios de 1980 e 1990, é menos expressiva a quantidade de documentos concernentes ao CB em qualquer de seus aspectos. Uma alternativa possível para essa redução relaciona-se ao aumento considerável de bases de dados especializadas. Em todo levantamento bibliográfico por nós efetuado para escrever este livro, apenas um texto relaciona controle bibliográfico com cibernética. Trata-se do artigo "The cibernetics of bibliographic control: toward a theory of document retrieval systems", de Hans H. Wellisch, traduzido para o português, em 1987, por Tarcísio Zandonade, obra que tem servido de ancoradouro para o desenvolvimento deste trabalho.

A essência do trabalho de Wellisch (1980) encontra-se na aplicação das leis fundamentais da cibernética aos sistemas de controle bibliográfico. O autor demonstra que as potencialidades da automação tornam viável o CB descritivo, ao passo que o CB da recuperação temática permanece limitado em razão da dispersão da variedade semântica e do caráter subjetivo da relevância.

A Revolução Industrial e o deflagrar da Primeira Guerra Mundial são responsáveis por um aumento considerável de conhecimento tecnológico, fatos que levam Paul Otlet (1937, p.251) a prever, durante o Congresso Mundial de Documentação Universal, em Paris, "a utilização de dispositivos mecânicos que forneceriam informações a partir de um registro centralizado a leitores dos postos mais longínquos", antevendo o uso das telecomunicações na documentação.

Na mesma perspectiva de Paul Otlet, Vannevar Bush (1945), baseado na estrutura convencional de uma biblioteca, idealiza o Sistema Memex (precursor dos sistemas hipertextos), que é, segundo ele, um dispositivo no qual um indivíduo armazenaria todos os seus livros, registros e comunicações, e seria mecanizado de tal forma que pudesse ser consultado com alta flexibilidade e velocidade, um suplemento ampliado e próximo da própria memória do indivíduo.

O projeto referente ao Sistema Memex é apresentado com detalhes, porém a tecnologia disponível na época não permitia sua implementação. A análise que González de Gomez (1995) e Vidotti & Santos (1995) fazem da exposição de Bush mostra que ele se volta às novas tecnologias, ainda potenciais, capazes de duplicar artificialmente os processos associativos do sujeito conhecedor, transformando essa massa disforme e opaca de registros em unidades discretas e significativas de informação.

A ideia matriz dessas primeiras máquinas computadoras é anterior ao trabalho de Bush, assegura Wiener (1993); remonta ao início do século XIX, com Babbage. O modo de esse pesquisador ver a máquina computadora é surpreendentemente moderno, mas

INFORMAÇÃO E CONTROLE BIBLIOGRÁFICO 69

os meios técnicos de que dispõe estão aquém de suas ambições. A primeira dificuldade com a qual Babbage se defronta é traduzida por meio de uma passagem:

> a de que um longo trem de engrenagens exige força considerável para ser movimentado, de modo que sua saída de energia e seu torque logo se tornam pequenos demais para acionar as restantes partes da maquinaria. Bush percebeu essa dificuldade e a superou de maneira muito engenhosa. (Wiener, 1993, p.147)

De acordo com as anotações de Pereira (1995), Vannevar Bush dirige o Office of Scientific Research and Development por ocasião da Segunda Guerra Mundial e, enquanto ocupa essa posição, empenha-se em aplicar os avanços da ciência em benefício da luta. Terminado o conflito, Bush conclama os cientistas a se envolverem na tarefa de tornar disponível o conhecimento científico: "Se a função de um registro é a de ser útil à ciência, ele deve ser continuamente ampliado, deve ser armazenado e acima de tudo consultado" (Pereira, 1995, p.108).

Entendemos que a grande contribuição de Bush para o desenvolvimento das novas tecnologias de informação centra-se no questionamento que ele faz dos sistemas de indexação alfabéticos ou numéricos, adotados pelas bibliotecas de então, completamente em desacordo com o funcionamento da mente humana que opera por associação.

A concretização da ideia central dos visionários Paul Otlet e Vannevar Bush dá-se quando da criação das bases de dados e, consequentemente, dos bancos de dados que internam um grande número dessas bases, que podem ser consultadas em tempo real, e ainda das ferramentas de busca que facilitam a navegação via Internet.

Com efeito, décadas após as previsões de Otlet e Bush, o progresso da tecnologia aplicado ao campo do CB provoca inovações rápidas que principiam com a máquina de escrever e culminam em redes mundiais de computadores de funcionamento permanente. O emprego do computador no registro e na recuperação da informação, de modo sistemático a partir de 1950, traz novas perspectivas para o CB. Possibilita um comportamento mais preciso e mais exato no tratamento da informação, tanto em quantidade quanto em qualidade. Essa ocorrência, da qual já vemos os lucros, pode também ser a solução para outros problemas do controle bibliográfico, por exemplo o do controle pleno do CB descritivo.

O modo primário de obter o controle de uma coleção de documentos consiste em inspecionar um a um, até que sejam encontrados aqueles pertinentes à busca desejada. Embora por meio dessa habilidade seja possível alcançar um controle bibliográfico completo e até mesmo exato, esse seria um procedimento moroso, ainda que aplicado a um número restrito de material bibliográfico.

Uma maneira mais adequada e que demanda menos tempo para chegar ao mesmo objetivo encontra-se na construção de um modelo de recuperação da informação que apresente conduta análoga ao modo manual de busca. O desempenho do sistema criado tem que ser cópia do comportamento do outro.

Ambos, modo primário de busca e modelo de controle, destinam-se a produzir aspectos de uma mesma realidade. É uma vantagem para a recuperação da informação por meio do sistema que, além de não delimitar o número de documentos a ser inserido no programa, adapta-se a uma variedade de circunstâncias e constitui método mais científico de busca.

No caso do CB, que é o tema de nosso estudo, uma das soluções possíveis encontra-se em produzir modelos substitutos para os documentos a serem inseridos no sistema, ou seja, criar um sistema que funcione independentemente da presença física do material bibliográfico. O documento real torna-se necessário enquanto é feita a coleta dos dados para o registro e, em seguida, é transferido para o acervo, do qual poderá ser recuperado. Contudo, o acesso físico da obra não é assunto para esta obra e, além disso, pode constituir um outro sistema, tão complexo quanto o sistema de CB.

Inspecionar documentos um a um mostra-se um modo demasiado lento de conseguir a informação desejada, mesmo em um reduzido número de obras. Como será, então, recuperar informação hoje, quando vivenciamos uma verdadeira explosão documentária?

Estudos realizados por Caldeira (1984) atestam que, até o início da década de 1980, dez milhões de trabalhos científicos haviam sido publicados no mundo e que o acréscimo estimado a partir dessa data é de seiscentos mil títulos a cada ano. Antes do

INFORMAÇÃO E CONTROLE BIBLIOGRÁFICO

final do milênio, o Ulrich's registra 158 mil títulos de periódicos (a primeira publicação periódica é de 1665). Em uma perspectiva similar, Anderla (1979) mostra que, entre 1660 e 1960, todos os índices de volume da ciência multiplicam-se por um fator de cerca de um milhão e que a literatura científica como um todo cresce 7% ao ano, isto é, dobra de volume a cada quinze anos.

O cérebro do homem não suporta o peso desse conhecimento acumulado e registrado em diferentes suportes. No entanto, os cérebros automatizados poderão organizar esse montante e torná-lo viável ao cérebro humano. Nesse sentido, entende Ruyer (1992, p.22) que:

> O equilíbrio se restabelece se, junto às máquinas de potência, não ficar mais o cérebro humano nu e sim o cérebro e mais as máquinas de informação, capazes de desempenhar o papel daquilo que, no sistema nervoso, exerce funções reguladoras automáticas. A relação:
>
> $$\frac{\text{cérebro humano nu}}{\text{peso do organismo + peso das máquinas de potência}}$$
>
> não é melhor para o homem que para os répteis microcéfalos. Mas a relação:
>
> $$\frac{\text{cérebro humano nu + máquinas automáticas de informação}}{\text{máquinas de potência}}$$
>
> tende a restabelecer, e em plano superior, a boa situação de que parte o homem, que ainda não se tornou um "vertebrado-mecanizado".

Com base nesses dados, de que modo um pesquisador pode tomar conhecimento de textos relevantes em sua área de atuação?

Uma das soluções, a que nos parece mais viável, encontra-se no tratamento da informação em âmbito particular e geral, tornando-a disponível por meio do Sistema de Controle Bibliográfico ou Sistema de Recuperação da Informação, que obedece às leis fundamentais da cibernética, a da regulação e a do controle.

IMPACTO DAS NOVAS TECNOLOGIAS

Há milhares de anos, o homem cria a linguagem escrita e promove uma verdadeira guerra no processo de comunicação. Outra grande revolução nessa área acontece com a invenção da imprensa. A produção em série, ou editoração, materializa a multiplicação do saber, concretizando a escrita como meio potencial de comunicação de massa. A Revolução Industrial, certamente, fixa um novo marco no processo de comunicação. Novas tecnologias de comunicação surgem, ao mesmo tempo que as existentes se aperfeiçoam. A aceleração que a cibernética imprime ao processo de comunicação estimula ainda mais a formulação de uma nova perspectiva revolucionária.

De acordo com Soares (2000), é possível dividir em três etapas a evolução da tecnologia:

- fase pré-industrial, caracterizada pelo aparecimento de máquinas rudimentares muito espaçadas;
- revolução industrial, dominada pela mecanização de todos os setores da produção, grandes invenções e desenvolvimento técnico acelerado;
- revolução pós-industrial, marcada pela generalização da automação e pela instauração da inteligência artificial no domínio da organização social.

A primeira dessas etapas gasta milhões de anos para produzir mecanismos primitivos, em número reduzido; na segunda, o incremento científico e a eficiência técnica aceleram a mecanização e, em um século, produz-se mais conhecimento do que em toda a história anterior da humanidade. Na última fase, aprofunda-se o desenvolvimento da tecnologia e criam-se máquinas que, na Revolução Industrial, não foram sequer imaginadas.

Seguindo Wiener (1961), há três espécies de máquinas. As máquinas simples do século XVIII, sem gerar trabalho, modificam a relação força/deslocamento. Dar corda em um relógio, por exemplo, transforma em movimento a energia de uma mola. As máquinas motrizes de grande potência do século XIX, como a máquina a vapor, trabalham com uma fonte de energia externa, o carvão, a gasolina. A energia utilizada passa de estados menos prováveis (temperatura superior ao meio) para os estados mais prováveis (temperatura idêntica ao meio), o que determina o princípio de Carnot: calor somente gera trabalho quando há uma queda brusca de temperatura.

INFORMAÇÃO E CONTROLE BIBLIOGRÁFICO

As máquinas de informação, a terceira espécie de máquinas, ainda que escapem ao princípio de Carnot, não podem fugir ao princípio da conservação; não podem criar gratuitamente informação, do mesmo modo que as máquinas motrizes não podem criar gratuitamente trabalho. Teoricamente, elas podem conservar ou reduzir a informação que transmitem. Um automóvel, mesmo dotado da mais moderna tecnologia, não funciona sem algum tipo de combustível. O Sistema de Controle Bibliográfico também não funciona sem o documento que o alimenta.

A descoberta da degradação da energia leva os pesquisadores a considerarem questões referentes à origem da energia. De modo análogo, a concepção da máquina automática exige da ciência uma explicação científica acerca da informação. A máquina de informação, assegura Ruyer (1992, p.31), "usa a informação como alimento do mesmo modo que as máquinas térmicas usam o carvão, mas, diferentemente destas, ela não desgasta necessariamente a informação".

Podemos calcular o grau de automação de um processo mensurando a participação do homem em seu funcionamento. Quanto menor é a atuação do homem, maior é a automação do sistema. Uma ilustração ajuda-nos a visualizar esse procedimento. O paxá senta-se em almofadas de cetim, enquanto escravas o abanam com penas de avestruz. Os dias passam, as penas têm um alto custo e, para refrescar, adquire-se um ventilador que resolve, às vezes. É preferível um condicionador de ar, que é controlável. O condicionador automático, depois de programado, para de trabalhar por si só quando a temperatura atinge o nível requerido e volta à atividade quando a temperatura ultrapassa limites indesejáveis. É, portanto, uma máquina munida de realimentação (tema que será abordado no Capítulo 5).

No Sistema de Controle Bibliográfico ocorre situação semelhante. O aumento na produção de livros e a consequente necessidade de organização desse material exigem um aprimoramento nas condições de sua recuperação. Em uma primeira etapa, o profissional encarregado pela tarefa de retirar das obras os dados exigidos pelo controle elabora uma ficha matriz e, a partir dela, desdobra quantas fichas se fazem necessárias, utilizando a máquina de escrever. Na fase subsequente, o trabalho manual centra-se na confecção da ficha matriz, enquanto uma máquina previamente programada incumbe-se do desdobramento. Com o advento do computador, o homem insere os elementos necessários para o controle bibliográfico da obra diretamente na máquina que executa os demais procedimentos. Há uma lógica nessas ilustrações (abano/ventilador/condicionador; máquina de escrever/máquina de desdobrar/computador). Essa lógica revela-nos esses dispositivos como artefatos equivalentes, projetados com a mesma finalidade; revela-nos ainda um índice crescente de automação e, consequentemente, uma redução da responsabilidade do homem por seu funcionamento.

Com relação ao grau de automação dos sistemas, Bennaton (1986) mostra-nos que há pelo menos três estágios. No primeiro deles, aquele correspondente aos abanos e à confecção manual, não só da ficha matriz, mas também das desdobradas, o ser humano envolve-se com a máquina, tanto com sua capacidade de discernimento quanto com sua força física. Na fase seguinte, a dos ventiladores e a da execução manual apenas da ficha matriz, o homem abdica de atuar como elemento motriz, mas retém para si o exercício integral do controle da máquina. Na etapa dos condicionadores e dos computadores, acentua-se a desvinculação humana e cede-se às máquinas a função de administrar seu próprio comportamento.

A automação dos serviços liberta o cérebro do homem, assim como as máquinas de grande potência libertam seus músculos. A memória da máquina até ultrapassa a memória do homem, quando é possível traduzir em número um problema ou algoritmizá-lo. Entretanto, nossa memória não é simplesmente um arquivo de informações linearmente ordenadas. A memória humana armazena dados com critério, as ideias ocorrem por associações e os registros são corrigidos constantemente.

A dependência do homem em relação às novas tecnologias, registra D'Azevedo (1972), parece indicar uma perda constante e acentuada da liberdade por parte do indivíduo na sociedade atual. Preocupado com tal estado de coisas, Wiener (1993) trata desse assunto de forma indireta, relacionando dois padrões do comportamento comunicativo: a rigidez e a aprendizagem (com liberdade). Lembra esse autor que a liberdade não é algo imposto ou doado ao homem, resulta de seu próprio organismo que exige um comportamento peculiar, o comportamento livre. O organismo, prossegue Wiener (ibidem, p.48),

> não é como a mônada de relojoaria de Leibniz, com a sua harmonia preestabelecida com o universo; busca ele, na realidade, um novo equilíbrio com o universo e suas futuras contingências. Seu presente é diverso de seu passado e seu futuro difere do seu presente. No organismo vivo, como no próprio universo, a repetição exata é absolutamente impossível.

A capacidade que tem o homem de selecionar e de escolher com liberdade é algo inerente à espécie humana. A restrição imposta a esse exercício não é mais que acidente ou exceção à regra. A cibernética, conforme D'Azevedo (1972, p.27), em nada obsta tais atitudes livres, "ao contrário, de certa forma, dirige certos tipos de atividades menos humanas para áreas como a automação, permitindo ao homem que dedique maior parte do seu tempo a atividades mais adequadas ao seu organismo criativo e complexo".

Utilizando-se da automação, o processo de difusão do conhecimento e os processos de busca e recuperação da informação, que operam por associação, têm se alterado de modo significativo nas três últimas décadas. A aplicação da informática, o crescimento ininterrupto da literatura científica e a preocupação em reuni-la, atualizá-la e torná-la mais acessível a todos impulsionam o desenvolvimento acelerado de novas tecnologias.

Um dos primeiros textos que retratam o impacto das novas tecnologias de informação no processo de comunicação é aquele escrito por Lancaster em 1977. Para esse autor, os computadores nas bibliotecas são aplicados para automatizar operações internas e para permitir acesso às fontes de informação de documentos nelas inexistentes. Com base nessa utilização, Lancaster visualiza um campo de informação no intangível formato eletrônico.

É perceptível o novo modo de apresentação do controle da informação científica e tecnológica, utilizando-se do potencial tecnológico. Entre outros ganhos, encontra-se a criação das chamadas bases de dados. Essa nova disposição diz respeito, principalmente, às formas de acesso às informações bibliográficas. Tais formas permitem ao pesquisador identificar com rapidez a informação que lhe é pertinente.

As bases de dados ou arquivos legíveis por computador são fontes de informação organizadas de modo a permitir a pesquisa em um modo interativo ou conversacional, por meio de um terminal de computador ou mesmo de um microcomputador (Cunha, 1989, p.45). As informações contidas nas bases de dados classificam-se em:

a) bibliográficas ou referenciais: quando o documento original é apenas referenciado, condicionando o usuário a uma busca complementar;

b) fatuais ou fonte: quando a informação é apresentada na íntegra, com conteúdo numérico ou textual, o que torna quase imperceptível a distinção entre acessibilidade bibliográfica e acessibilidade física, hoje bastante morosa (Cianconi, 1987, p.54).

As bases de dados, com seus complexos esquemas de representação e de recuperação de informação, constituem o simulacro da memória coletiva científica da qual pesquisador algum pode prescindir para ordenar e reconstruir seus conhecimentos. Têm como suporte uma tecnologia que permite imitar uma atmosfera conversacional, uma interação em tempo real em uma linguagem que se aproxima da linguagem natural.

> Um cientista interroga um banco de dados à procura de informações que ... façam com que ele possa reconstruir seu conhecimento ... e orientar o seu trabalho no sentido estabelecido pela comunidade científica ou acadêmica em que ele está ou deseja estar inserido .... Este estado é caracterizado por um alto grau de indefinição em relação ao assunto sobre o qual o pesquisador procura informações ... suas interrogações só conseguem se realizar durante o ato da busca. (Sayão, 1996, p.314)

A interação de quem busca informação com os registros armazenados na base de dados é que estabelece o foco da questão. É o ato de recuperar a informação precisa, registrada nos arquivos legíveis por computador, articulado com os conhecimentos anteriormente adquiridos que propiciam o nascimento de conhecimentos mais nítidos, que apressam e também evolucionam a ciência.

No início de 1970, existiam menos de dez bases de dados disponíveis através dos mais significativos bancos de dados. O levantamento publicado pelo Directory of Online Databases, em

1984, registra um número aproximado de 1.500 bases de dados. Banco de dados ou sistema *on-line* de recuperação da informação, segundo Lopes (1985, p.55), pode ser definido como aquele que permite interrogar, diretamente, as bases de dados armazenadas nas memórias dos computadores.

Para colocar disponível em sistema *on-line* o conhecimento registrado, valendo-se das bases de dados e, consequentemente, dos bancos de dados, cada documento terá que receber um tratamento, realizado por intermédio de esquemas simbólicos que descrevem a forma descritiva e física (código de catalogação) e o conteúdo das obras (análise documentária).

Uma das etapas da análise documentária, e a mais importante para nosso trabalho, é a terminologia. Há três conceitos de terminologia apresentados por Felber (1984), os quais se complementam, em nosso entender:

– área de conhecimento que trata dos conceitos e suas representações;
– conjunto de termos que representa o sistema de conceitos de um campo especializado;
– publicação na qual o sistema de conceitos de um campo especializado encontra-se representado por termos.

Os primeiros intentos de ordenação sistemática da terminologia acontecem quando a comunidade científica percebe a importância da divulgação da literatura que, além de crescer em volume, cresce em especificidade.

Preocupada com essa questão, a Organização Internacional de Normalização (ISO) publica, em 1969, a Norma n.1.087 – *Terminologia – Vocabulário* –, que, em 1990, passa por uma revisão técnica.

Corroborando essa informação, Setzer (1999) observa:

> o que é armazenado na máquina não é a informação, apenas sua representação em forma de dados, a qual pode ser transformada pela máquina, mas não seu significado, uma vez que este depende de quem está entrando em contato com a informação. Tal representação torna--se possível por meio das linguagens documentárias, que são artificiais, necessitam de regras explícitas para seu uso, estabelecem uma relação unívoca e redutora entre o significante e o significado e cobrem conceitos de um domínio específico do conhecimento humano.

De acordo com Sayão (1996, p.316), linguagens documentárias "são metalinguagens derivadas da linguagem natural, com semântica e sintaxe próprias". A formação da memória eletrônica depende dessa estrutura de representação simbólica. Podem tanto dar ênfase a fatos e descobertas quanto promover seu esquecimento, ou ainda, conforme Araújo & Freire (1996), mais esconder do que revelar ao usuário a informação de que ele necessita. Como ilustração à linguagem documentária pontual, uma pesquisa em base de dados revela textos importantes sobre fecundidade de mulheres idosas que, certamente, não seriam descobertos caso a aplicação da linguagem artificial fosse inadequada.

Fica evidente a relação que comporta uma única forma de interpretação entre o termo e o conceito nas linguagens documentárias, no exemplo registrado por Sayão (1996). Trata-se de incorporar um artigo importante sobre o uso do óleo de dendê e de jojoba produzidos no interior da Bahia, como combustível automotivo em substituição ao óleo diesel, em uma base de dados internacional sobre fontes de energia. O indexador poderá esbarrar na falta de termos adequados para a representação correta desse lubrificante, o que poderá resultar em distorção na representação e consequente desvio na recuperação do documento.

Uma pesquisa sobre procedimentos de leitura documentária de indexadores, na área de ciências da saúde oral, realizada por Fujita (1999), aponta que as maiores dificuldades encontradas por esses profissionais referem-se à identificação de termos e a sua adequação com a linguagem documentária empregada pelo sistema. A determinação das palavras-chave depende também do domínio que tem o indexador (que usualmente é um bibliotecário e não o especialista) quando da exploração da estrutura textual.

Podemos acrescer a isso o compromisso ou não do indexador com o sistema. É verídico que a consagrada obra *Raízes do Brasil*, de Sérgio Buarque de Holanda, foi indexada em botânica; que o livro *Oficina literária*, de Ivo Barbieri, foi encontrado na prateleira reservada ao material da área de mecânica, em uma conceituada livraria. Qual seria o tratamento destinado ao artigo intitulado "Por que a hiena ri", de Diva Carraro de Andrade, que tem como tema central a questão do salário e do mercado de trabalho do bibliotecário, caso o indexador não lesse o texto?

INFORMAÇÃO E CONTROLE BIBLIOGRÁFICO   79

Os entraves apresentados não representam empecilho para o crescimento da indústria *on-line* de informação iniciada na década de 1970. Estudos realizados por De Paula (1992) mostram que, em 1979, das quatrocentas bases de dados existentes, 15% possibilitam recuperação em linha; em 1995, essa porcentagem encontra-se no patamar dos 95%. A disponibilidade retrospectiva das bases de dados situa-se na década de 1970, com exceções para: CDI (teses), com registro de dados desde 1861; EBIB (energia), 1866; e o Philosopher's Index, 1940, entre outras, registra Pinto (1987).

No Brasil, a área da saúde é a que mais se distingue na produção de base de dados. A Bireme (Centro Latino-Americano e do Caribe de Informação em Ciências da Saúde), instituição vinculada à Escola Paulista de Medicina, é responsável pela preparação da base de dados Lilacs (Literatura Latino-Americana em Ciências da Saúde). Trata-se de uma base de dados bem estruturada e com nível de padronização aceito pela comunidade científica internacional. É um instrumento de pesquisa que reúne os testemunhos da atividade de pesquisa do Brasil e dos demais países da América Latina e do Caribe, de modo a reconstruir, para quem o consultar, conhecimento, fatos e dados pertinentes a nossa realidade.

Outros segmentos de pesquisa em âmbito nacional preocupam-se com a geração de base de dados. No entanto, é saliente a quantidade desse instrumento de pesquisa no contexto internacional. É o que relatamos nos Quadros 5 e 6, respectivamente.

Quadro 5 – Principais bancos de dados no Brasil

Banco	Nº de bases de dados	Natureza
Aruanda/Serpro	11	Cadastros industriais, marcas e patentes
Bireme	13	Área da saúde
Cenagri	5	Ciências agrícolas
CIN/CNEN	8	Energia nuclear, física, eletrônica e energia elétrica
Embrapa	4	Publicações produzidas pela própria Embrapa
FGV	2	Catálogo coletivo de livros e dados econômico-estatísticos
IBICT	7	Ciência da informação, catálogo coletivo de periódicos, teses
Prodasen	12	Concentração nas áreas de direito e jurisprudência

Fonte: Cunha (1989, 1994); Cianconi (1987).

Quadro 6 – Principais bancos de dados no exterior

Banco	Nº de bases de dados	Natureza
Dialog Information Service	380	A maioria referenciais e bibliográficas, praticamente em todas as áreas
Orbit / Questel	80	A maioria referenciais e bibliográficas, praticamente em todas as áreas
STN	20	Principalmente numéricas, com ênfase na área de química
BRS Search Service	80	A maioria referenciais e bibliográficas, praticamente em todas as áreas
Echo Comunidade Europeia	30	A maioria referenciais e bibliográficas, praticamente em todas as áreas, com descritores em sete línguas
America Online	50	Jogos, correio eletrônico, teleconferência, anúncios, finanças, noticiário, TV, teatro
Compuserve	80	Finanças, telecompras, jogos, ciências e medicina

Fonte: Cunha (1989, 1994); Cianconi (1987).

O acesso a essas bases coloca o pesquisador diante de uma considerável quantidade de documentos, que, conforme vimos no Capítulo 1 deste livro, pode ou não gerar informação.

Nas mais significativas bases de dados internacionais, afirma Sayão (1996), prevalece essencialmente a ciência concebida no Primeiro Mundo, em detrimento da literatura científica dos demais países, que têm nelas representadas apenas 5% de sua produção.

Vem ao encontro do que declara Sayão (ibidem) a experiência que pudemos angariar em nossa trajetória profissional, que revela a indignação do usuário ao término de uma pesquisa bibliográfica em bases de dados especializadas internacionais, nos assuntos concernentes ao Brasil. A depender da especificidade do tema, nenhuma referência pode ser recuperada. Assim, para esse pesquisador, interessado em matérias genuinamente brasileiras, resta a busca demorada, que procede com lentidão, e, excessivamente trabalhosa, a manual.

Essas conhecidas tecnologias da informação, que hoje possibilitam a interligação eletrônica dos acervos de bibliotecas e de

INFORMAÇÃO E CONTROLE BIBLIOGRÁFICO   81

serviços bibliográficos em rede mundial, podem representar pro-
missoras perspectivas para o desenvolvimento do Sistema de CBU.
Uma rede universal de informação com o potencial da Internet, por
exemplo, tem autoridade para imprimir um modo mais oportuno
para o CB, diferente desse que vem sendo operacionalizado. Até o
momento, porém, pouco tem se concretizado. Um dos entraves,
abordado por Trier (1992), com quem concordamos, refere-se à
ausência de padronização dos códigos para armazenamento, recuperação e transmissão dos documentos eletrônicos.

Pudemos ver, neste item, que a disponibilidade de estruturas
mais eficazes de dados permite uma vantagem estratégica para
aproveitar racionalmente o conhecimento registrado; que a informação recuperada não deixa de ser uma técnica para facilitar
o acesso a esse conhecimento, porém não deve ser confundida
com informação; que o controle bibliográfico, que se encontrava
fadado ao descaso antes das inovações tecnológicas, a partir delas
encontra-se ainda aquém do esperado.

CONTROLE BIBLIOGRÁFICO E TEORIA DOS SISTEMAS

A demarcação moderna da noção de sistema é atribuída a Von
Bertalanffy (1968) que, na época do pós-guerra, sistematiza as novas ideias científicas que permeiam a ciência há meio século. Esse
autor cria a Teoria Geral dos Sistemas, uma abordagem sistêmica,
como contínua revisão do mundo, do sistema como um todo e de
cada um de seus componentes. O sucesso desse método pode ser
consequência da insatisfação da comunidade científica com a visão
mecanicista, que impera como modelo universal.

De acordo com Chiavenato (1979, p.276), "a Teoria Geral
dos Sistemas não busca solucionar problemas ou tentar soluções
práticas, mas sim produzir teorias e formulações conceituais que
possam criar condições de aplicações na realidade empírica".
Embora a palavra sistema tenha sido definida de várias formas,
há uma concordância: sistema é um modelo de natureza geral, um
conjunto de partes coordenadas para atingir um conjunto de objetivos. De acordo com Von Bertalanffy (1968), sistema pode ser

entendido como um conjunto de unidades reciprocamente relacionadas entre si e com o ambiente. Para Amaral (1977),

> sistema é todo o conjunto de dois ou mais elementos que interagem. Ao imaginar-se o universo composto de galáxias que interagem, temos uma visão do maior sistema perceptível. Ao imaginar-se o homem com todas as moléculas que o constituem e interagem, temos uma outra visão de sistema. Enfim, ao imaginar-se o átomo e as partículas que o compõem e interagem, temos uma visão de um sistema que, em relação ao homem, é microscópica. Quando se visualiza desde o Universo até uma partícula atômica, temos o que se chama uma visão sistêmica.

Com base nas definições apresentadas, podemos entender sistema como o conjunto de elementos em inter-relação entre si e com o ambiente, com a finalidade de alcançar determinados objetivos. Convencionalmente, existem várias classificações de sistema, bem como propriedades ou características comuns a cada uma delas. Quanto a sua natureza, diz Chiavenato (2000, p.34), os sistemas podem ser fechados ou abertos, entendendo que, na realidade, "não existe um sistema totalmente fechado (que seria hermético), nem totalmente aberto (que seria evanescente). Todo sistema tem algum grau de relacionamento e de dependência com o ambiente".

Os sistemas fechados são aqueles que pouco intercâmbio apresentam com o meio ambiente que os circunda e na mesma proporção influenciam e são influenciados por ele. Tais sistemas mantêm, com relação ao meio externo, poucas entradas e saídas, as quais "guardam entre si uma relação de causa e efeito: a uma determinada entrada (causa) ocorre sempre uma determinada saída (efeito). Por essa razão, o sistema fechado é também chamado sistema mecânico ou determinístico" (ibidem).

O Sistema de Controle Bibliográfico, objeto de nosso trabalho, recebe a classificação de sistema aberto. Sistema aberto, de acordo com Chiavenato (1979), é aquele que troca informação com o meio ambiente, que se adapta a mudanças para garantir a própria sobrevivência, que mantém reciprocidade com as forças do ambiente e que otimiza a qualidade de sua estrutura, quando os elementos do sistema se organizam, aproximando-se de uma operação adaptativa. As organizações em geral, os sistemas vivos e, principalmente, o homem são exemplos de sistemas abertos.

Outro enfoque de sistema, pela ótica do sistema dinâmico integral ou sistema integral, é dado pelo russo Afanasiev (1977). Sistema dinâmico integral, de acordo com esse autor, é o conjunto de componentes cuja interação engendra novas qualidades, fruto da integração, não existentes nos componentes. Fornece Afanasiev o exemplo da célula viva formada por compostos químicos, sem vida, como a proteína e os ácidos nucleicos. Esses compostos, ao interagir, formam um todo único, uma célula que tem características de seres vivos, com capacidade de metabolização e de reprodução, frutos da integração e da interação.

Na perspectiva de Afanasiev, são quatro as peculiaridades essenciais do sistema integral:

a) a existência de qualidades resultantes da integração e da formação do sistema;

b) a composição que é inerente ao sistema, isto é, cada sistema possui seu próprio conjunto de componentes e partes, que forma o aspecto substancial do sistema integral, a base de sua estrutura e de sua organização;

c) a organização ou a estrutura interna, um modo específico de interação e interconexão dos componentes; a conservação e o funcionamento do sistema dependem, em grande parte, da autonomia relativa e da estabilidade da estrutura;

d) o caráter específico de sua interação com as condições externas, o meio ambiente, isto é, objetivos e fenômenos que não fazem parte do sistema, mas com os quais o sistema se relaciona, modificando-os e modificando-se.

Partindo do pressuposto de que todos os sistemas são tipos de sistemas integrais, sejam eles de qualquer natureza – mecânicos, físicos, químicos, biológicos e sociais, naturais, artificiais ou mistos –, Afanasiev divide-os em duas grandes classes:

a) sistemas autogovernados: têm regulação própria e trazem naturalmente em si processos de direção e de governo; devem possuir, pelo menos, a capacidade de conservar a estabilidade de seus parâmetros fundamentais em face das mudanças do meio ambiente, a denominada homeostase. O Sistema de Controle Bibliográfico pertence a essa classe dos sistemas integrais;

b) sistemas dirigidos ou sistemas governados: inerentes aos sistemas de ordem biológica e social e também aos sistemas mecânicos criados pelo homem.

A função da direção, de acordo com Afanasiev (1977), é manter a estabilidade do sistema, bem como sua determinação qualitativa e equilíbrio dinâmico com o meio ambiente. No entender de Araújo (1995, p.62), é possível que tais condições sejam obtidas por meio da "mudança oportuna e eficaz da estrutura do sistema em consonância com as novas condições".

Antes de ser incorporado pela cibernética, o conceito de direção é empregado em áreas como a biologia e a sociologia. É a cibernética, porém, que sistematiza e generaliza o conceito de direção, que evidencia as leis gerais da direção. É a cibernética que demonstra que os processos de governo/direção ocorrem em sistemas dinâmicos com alto grau de complexidade e que possuem uma forte rede de dependências não lineares. Acrescido a isso, a cibernética destaca a unidade que existe entre direção e informação, utilizando-se da noção de quantidade de informação criada por Shanon & Weaver. Formula o objetivo ideal da direção, o curso ótimo do processo.

Ao ver o sistema como algo estável e dinâmico ao mesmo tempo e que se insere em um meio ambiente, modificando-o e sendo por ele modificado, a visão de Afanasiev (1977) diferencia-se da de Von Bertalanffy (1968), que aborda o mundo como um conjunto de sistemas e subsistemas em implicações.

A noção de ordem (interação e integração dos componentes do sistema) e a noção de estrutura (a estabilidade do sistema decorre de uma estrutura temporal) encontram-se coesas e inteligíveis em Afanasiev (1977). O fator tempo, para esse autor, é uma condição necessária para a estabilidade do sistema e não simplesmente um dos componentes do mecanismo regulador do sistema.

O fenômeno da entropia no sistema ocorre em sistemas fechados e pode ser evitado por meio da importação de energia (informação) do meio ambiente, usando como veículo os sistemas abertos, na ótica de Von Bertalanffy (1968). Para Afanasiev, a questão da entropia é abordada no contexto dos sistemas autogovernados e o processo de direção é a ordenação do sistema.

Ambos, Von Bertalanffy e Afanasiev, postulam que o todo é maior que a soma das partes ou que a qualidade do sistema não se reduz à soma das propriedades dos seus componentes. Com o intuito de esclarecer essa proposição, Churchman (1968) relata a história de um grupo de cegos que se reúne com a finalidade de compreender o todo elefante, a partir das partes tocadas: patas, orelhas, presas, dorso, rabo, tromba etc. Com base na área apalpada, cada cego descreve de modo singular o *sistema* elefante: como uma coluna, um tronco imenso, uma cobra, um grande leque. Nenhum deles nem sequer vislumbra o elefante como um todo.

Dois enfoques a respeito de sistemas foram abordados: pela ótica da Teoria dos Sistemas, de Von Bertalanffy, e dos Sistemas Integrais, de Afanasiev. Do modo como entendemos o Sistema de Controle Bibliográfico ou Sistema de Recuperação da Informação, ele se encaixa na classificação de sistema aberto da Teoria dos Sistemas e na classe dos sistemas autogovernados dos Sistemas Integrais.

O Sistema de Recuperação da Informação, planejado com a finalidade de possibilitar a recuperação da informação potencialmente contida em documentos nele registrados, começa a vigorar com essa nomenclatura na década de 1950. Entretanto, a origem dos SRIs remonta à Antiguidade, às bibliotecas de Assurbanipal e de Alexandria. Artificialmente construídos pelo homem, os SRIs resistem a muitas transformações e hoje se exibem como modernos sistemas que incluem bases de dados em condições de armazenar um número considerável de itens de informação em minúsculos *chips* e em condições de enviar grande volume de mensagem, a velocidade bastante rápida, a qualquer parte de nosso planeta.

A manifestação simultânea de eventos como os estudos de Von Bertalanffy (1968), resultando na visão sistêmica, e de Afanasiev (1977) tendo como consequência o sistema dinâmico integral, o crescimento exagerado da literatura especializada ou não e a utilização dos computadores em larga escala fizeram emergir e tornar-se sólida a entidade Sistema de Recuperação da Informação.

A designação Sistema de Recuperação da Informação ou mesmo Sistema de Informação (SI), como comumente se emprega, é, no mínimo, inadequada. Essa terminologia é considerada imprópria por um respeitável número de estudiosos da área, entre eles Araújo (1995), Christóvão & Braga (1997), Barreto (1999). Entendem esses autores que a falta de uma visão consolidada sobre os fenômenos informação e sistemas de informação pode ser a responsável por essa disseminação inadequada, que acaba por popularizar tais denominações.

A fragilidade de propriedade nessa questão acaba gerando uma confusão entre o objeto trabalhado, o documento em si (apresentado por diferentes suportes) e o possível efeito que o conteúdo desse documento pode causar sobre o usuário (a informação).

Os registros armazenados nas bases de dados que alimentam os SRIs guardam informação potencial e são formalmente organizados, processados e recuperados com a finalidade de maximizar o uso da informação. Tal informação constitui a memória humana registrada a que se refere Hoffmann (1993); a entidade objetiva proposta por Kando (1994) e Setzer (1999) ou o que Belkin & Robertson (1976) tratam como informação cognitivo-social: estruturas conceituais sociais, referentes ao conhecimento coletivo registrado.

Os SRIs, sistemas construídos com a finalidade de organizar e disseminar a literatura, crescem em volume, mas em parte deixam de cumprir os desígnios inicialmente propostos. A hipótese levantada por Araújo (1995, p.55) para explicar tal situação é a de que o SRI "enquanto sistema artificial/social está atingindo o seu limite de crescimento, saturando-se, exigindo, assim, uma inversão no seu crescimento exponencial. A reversão do sistema de informação a tamanhos menores, mais adequados, é condição necessária (mas não suficiente) à sua sobrevivência enquanto sistema social". Uma reversão compatível com a capacidade de absorção dos segmentos sociais que fazem uso desse sistema, retorno para uma nova interpretação.

Presencia-se, neste momento, a transição do crescimento dos SRIs para a saturação, que parece estar levando os processos do sistema a uma estagnação e não a uma concretização. A preocupação dos SRIs é a de acompanhar a explosão da informação em detrimento das possíveis consequências que esse crescimento possa acarretar. A capacidade de armazenamento, processamento e transmissão de informação em potencial constante das bases de dados, por exemplo, é bastante superior à capacidade de assimilação do usuário que faz uso delas.

A entropia é outro fenômeno a ser considerado na análise de um sistema complexo. Como uma lei universal, a segunda lei da termodinâmica estabelece que todas as formas de organização em sistemas fechados tendem à desordem ou à morte. Em toda a literatura por nós levantada, não há referência à noção de entropia relacionada aos SRIs, com exceção do texto escrito por Araújo (1995), tampouco nós a desenvolvemos neste texto. Seria desejável, porém, que em outro momento essa temática fosse abordada.

Vimos, neste capítulo, como o domínio do processamento automático da informação é decorrência do entendimento da noção de informação em seu sentido mais rigoroso, o científico. Evidenciamos que as novas tecnologias, aqui representadas pelas bases de dados, bancos de dados e sistema *on-line*, com seus complexos esquemas de representação e recuperação da informação, constituem o simulacro da memória coletiva científica. Examinamos ainda essa representação descritiva da memória científica como sistema, e como esse sistema possibilita a recuperação da informação potencialmente contida em documentos nele registrados.

Nas páginas reservadas ao estudo da Teoria Matemática da Informação, enfocaremos o trabalho de Shannon & Weaver (1963) no que se refere à quantificação da informação. Veremos ainda conceitos básicos referentes a essa teoria que, certamente, interessam ao Sistema de Controle Bibliográfico.

4 TEORIA MATEMÁTICA DA INFORMAÇÃO

"O meio é a mensagem
O meio é a massagem
O meio é a mixagem
O meio é a micagem
A mensagem é o meio
De chegar ao Meio.
O Meio é o ser
em lugar dos seres,
isento de lugar, dispensando meios
de fluorescer."

(Drummond de Andrade, 1974, p.428)

A TEORIA MATEMÁTICA DA INFORMAÇÃO: UMA ABORDAGEM CIENTÍFICA

A concepção quantificada da informação, que substitui os termos da linguagem habitual pelas equações matemáticas, não alude à qualidade ou ao conteúdo e significado da informação. Referimo-nos à TMI também designada como Teoria da Informação ou ainda Teoria da Transmissão de Sinais, que compreende também a comunicação, visto que não há informação fora de um sistema de sinais e fora de um meio para transmitir esses sinais.

O que comunicamos? Informação, simples ou complexa, nas relações humanas ou sociais e também biológicas.

Comunicação é um termo que vem sendo utilizado de maneira indiscriminada, até mesmo por intelectuais que se esquecem de que, por exemplo, na comunicação humana, os homens só assimilam a informação de que sentem necessidade e/ou que lhes seja inteligível. Ou ainda, para falar como Wiener (1993, p.92), "não é a quantidade de informação enviada que é importante para a ação, mas, antes, a quantidade de informação que, penetrando em um instrumento de comunicação, é armazenada, sendo o bastante para servir como disparador da ação".

Na TMI, o que importa, essencialmente, é a medida de informação gerada e transmitida por uma fonte. Tal medida, diz Pignatari (1969, p.17),

> não é algo destacado dos próprios sinais, não é algo de que os sinais sejam meros portadores, como invólucros ou veículos que pudessem carregar e descarregar seu conteúdo. O teor ou taxa de informação é uma propriedade ou potencial dos sinais e está intimamente ligado à ideia de seleção, escolha e discriminação.

A TMI foi desenvolvida em consequência do pós-guerra nas indústrias de telecomunicações. Concentra-se na medida de informação, no sentido quantitativo das mensagens, e ocupa-se dos sinais em sua realidade física e no plano sintático, descartando a sua dimensão semântica e pragmática. A TMI ensina a medir quantitativamente a informação contida nas mais variadas mensagens, quer se trate de um relatório de empresa quer de um poema de Carlos Drummond de Andrade, uma conversa telefônica ou um concerto de violino, um boletim meteorológico ou as anotações de um caderno escolar.

O primeiro estudioso a propor uma medida exata da informação associada à emissão de símbolos e a utilizar-se do termo informação no sentido matemático foi R. V. L. Hartley. *Transmissão de informação* é o título dado ao estudo pioneiro de Hartley (1928), apresentado no Congresso de Telegrafia e Telefonia em 1927 e publicado no ano seguinte, em que propõe estabelecer uma medida quantitativa de informação capaz de melhorar o desempenho do sistema de transmissão em si e de verificar falhas de operação nos equipamentos deste, desconsiderando o papel do ruído durante a transmissão da mensagem.

Entende Hartley (1928) que a capacidade de um canal de transmitir símbolos está diretamente relacionada à de traduzir

INFORMAÇÃO E CONTROLE BIBLIOGRÁFICO   91

mensagem de um sistema em uma medida puramente física de informação. A partir dessa compreensão, emite considerações acerca da comunicação:

- há símbolos como pontos, palavras, traços etc. que fazem parte de um vocabulário convencionado que é conhecido das partes comunicantes;
- uma sequência de símbolos é transmitida ao receptor da mensagem, por meio de sucessivas seleções;
- existe precisão na informação transmitida quando uma seleção é feita de acordo com critério de relevância, o qual exclui as mensagens que não lhe satisfazem.

Procedida a seleção, espera-se encontrar um número de sentenças que deve exprimir a medida quantitativa de informação. No exemplo "Ziraldo: autor de literatura para criança", voltamos nossa atenção especificamente para os livros de Ziraldo e não para obras de outros escritores, tampouco para outra literatura que não seja a infantil. Há, no entanto, a possibilidade de verificar outras propriedades dessa literatura, como a ilustração, as cores, o tamanho do livro e da letra. Utilizando novas seleções de informação, podemos obter resposta para esse novo questionamento, e o esperado é que se encontre um número final de sentenças e que este imprima a medida quantitativa de informação.

Hartley (1928) associou a quantidade de informação ligada a uma seleção ao logaritmo do número de símbolos disponíveis (a mesma equação que mais tarde é usada por Shannon, com logaritmo na base 2):

$H = \log S$ então $10^H = S$

Onde:

H é a quantidade de informação

S é o número de símbolos de uma mensagem (mensagem entendida como o conjunto estruturado de determinados elementos que vai da fonte ao receptor. Retornaremos ao tema no item "Informação e Sistema de Comunicação", neste capítulo).

No mesmo contexto, a obra clássica que consolida a TMI é *The Mathematical Theory of Communication,* escrita por Claude

Shannon e Warren Weaver e publicada no *Jornal Técnico dos Laboratórios de Telefones Bell*, em 1948. Antes, porém, em 1938, Shannon defende a tese que versa sobre a aplicação da álgebra booleana aos circuitos de comutação elétrica. Por meio da álgebra formulada por George Boole, um método eficiente é encontrado para traduzir em símbolos algébricos os argumentos lógicos. A álgebra de Boole utiliza apenas três operadores de base (e, ou, não) e, contudo, permite que se efetue uma vasta gama de operações lógicas e aritméticas. Tais operadores têm sido empregados hoje para formular as estratégias de busca nos sistemas de recuperação da informação.

O trabalho elaborado por Shannon & Weaver (1963) consiste, essencialmente, em um conjunto de teoremas que busca a maneira mais rápida, econômica e eficiente de enviar mensagens de um lugar para outro. A TMI por eles elaborada é teoricamente árida e, provavelmente, teria menor difusão no meio científico caso Weaver não a tivesse tornado mais acessível, comenta Campbell (1983).

Ainda que as proposições demonstradas por Shannon (1963) tenham como público-alvo os engenheiros de rádio e de telefone, podem ser usadas para investigar qualquer sistema que envie mensagens de uma fonte para um receptor. A expressão matemática usada por esse autor para a quantidade de informação tem a mesma forma da equação desenvolvida no século XIX para o princípio da entropia que foi também usada por Hartley, em 1928.

Conforme veremos, os trabalhos de Shannon lidam com assuntos que são preocupações do meio intelectual contemporâneo: ordem e desordem, ruído e controle do ruído, probabilidades, incerteza e os limites da incerteza.

Outro pesquisador que trouxe importantes contribuições às origens da TMI foi Norbert Wiener. Tanto Shannon quanto Wiener trabalharam durante os anos de guerra em projetos militares. Wiener é conhecido como fundador da cibernética, que inclui a TMI como uma entre muitas ideias complementares, conforme explicitaremos no próximo capítulo.

Na sequência, vamos analisar alguns conceitos básicos de interesse à TMI: entropia, probabilidade, sistema de comunicação, ruído e redundância (igualmente importantes para entendermos a informação recuperada em um Sistema de CB).

INFORMAÇÃO E ENTROPIA

O termo entropia tem sua origem no grego *entropé*, que quer dizer retorno, ou conforme Bennaton (1986, p.38), "algo situado entre enrolar e evoluir – tem muito a ver com a direção na qual as coisas se transformam".

O debate sobre a verdadeira natureza do conceito de entropia não tem solução claramente definida, mesmo depois de muita discussão. O entendimento mais próximo do senso comum apresenta entropia como a medida da desordem entre as partículas, a medida da energia não aproveitada ou que não se pode distinguir ou controlar. Ainda assim, o conceito de entropia vem sendo amplamente utilizado, da teologia à biologia, passando pela linguística e pela psicologia. Shannon (1963) utiliza o termo entropia em sua TMI apenas como uma metáfora para introduzir a noção de incerteza.

De acordo com D'Azevedo (1971), a primeira manifestação de um entendimento sobre o princípio da entropia encontra-se na publicação do trabalho *Reflexões sobre o significado do poder do fogo,* em 1824, de autoria de Sadi Carnot. O universo, segundo Carnot, evolui para um estado final no qual não existe diferença de nível energético. O universo, do mesmo modo que as demais coisas, marcha para a morte final, pelo cessar do processo evolutivo, por nivelamento energético, quando a entropia atingir seu máximo.

Outra concepção do conceito de entropia é dada por Rudolf Clausius. Ele estabelece as duas leis para o comportamento da energia: a primeira lei da termodinâmica enuncia que energia é conservada, não é criada nem destruída, e a segunda lei diz que enquanto a energia não altera a sua quantidade total, pode perder qualidade. À medida de perda de qualidade, Clausius dá o nome de entropia. Entropia é, então, uma relação entre calor e temperatura e pode ser designada por uma função: calor ÷ temperatura. Dois versos sintetizam as conclusões de Clausius, diz Campbell (1983):

a energia do universo é uma constante

a entropia do universo caminha para o máximo.

Quando uma quantidade de calor de um corpo quente flui para dentro de um corpo frio, a entropia do corpo quente aumenta.

Quando a mesma quantidade de calor de um corpo quente flui para fora dele, a entropia diminui. Ao dividirmos a quantidade de calor que flui do corpo quente pela temperatura do corpo frio, a fração resultante terá um valor maior, se comparada com a divisão da quantidade de calor que flui do corpo quente pela temperatura original do corpo quente.

Na transferência do calor ocorre aumento de entropia. Esse ganho acontece toda vez que o calor flui de uma temperatura maior para outra menor. Calor é uma forma de energia que se manifesta no trabalho, eletricidade, luz e processos químicos etc. Todas as formas de energia, quando utilizadas, convertem-se em calor. Daí a tendência de se dizer que toda a energia do universo evolui para um estado de desordem. A energia é indestrutível, a quantidade de energia no universo não muda e sim sua forma, que pode ser transformada em outro tipo de energia.

Os conceitos de ordem e desordem são relacionais. No contexto da biblioteconomia, por exemplo: o bibliotecário A decide arrumar a aparente desordem dos papéis e documentos dispostos sobre a mesa de trabalho da professora N, segundo o critério que para ele é o mais indicado para a situação. A sistemática empregada, porém, possui pouca ou nenhuma relação com a ordenação dos papéis e documentos que existe na mente da mestra. Nesse caso, a desordem, para o bibliotecário, é a ordem para a docente.

Em 1859, Maxwell argumenta que é possível obter informação sobre o comportamento de um gás como um todo, calculando a velocidade provável de suas partículas em uma determinada velocidade. Assegura que em um sistema que englobe um grande número de partes, o conhecimento do comportamento provável das partes desemboca em um conhecimento das propriedades gerais do todo (apud Epstein, 1986).

Por volta de 1886, Boltzmann desenvolve um novo e mais geral tratamento da entropia, baseado na probabilidade, a partir da leitura de Maxwell. Diz ter resolvido o dilema entre irreversibilidade da termodinâmica e determinismo newtoniano, fazendo da entropia uma propriedade estatística de um enorme número de partículas. Assim, o avanço irreversível em direção à desordem absoluta é somente uma probabilidade.

INFORMAÇÃO E CONTROLE BIBLIOGRÁFICO

Nesse esquema, entropia máxima dá-se no estado de equilíbrio, quando há máxima desordem possível, com todos os contrastes aniquilados; baixa entropia, por sua vez, ocorre quando há ordem. Ordem é mais difícil de produzir do que desordem. Quando um sistema se encontra ordenado, é como uma mensagem: mais se pode conhecer sobre ele e seu grau de entropia é baixo.

Tomemos como ilustração um copo contendo água (em seu estado líquido) e cubos de gelo. A entropia é baixa em um copo de água com gelo porque as moléculas que os compõem não estão misturadas; sua entropia é máxima quando os cubos de gelo se derretem e a água uniformiza-se em uma mesma temperatura.

Para Boltzmann, o homem pode saber como se comporta em média um conjunto de partículas, mas não cada molécula individualmente. Mesmo assim, esse conhecimento limitado desaparece à medida que a entropia do sistema aumenta. Em 1894, esse autor assinala que entropia está ligada à informação perdida.

Informação e entropia, para Campbell (1983), têm uma forte ligação com a *noção de variedade*, isto é, com o número de possibilidades de ocorrência de eventos em um sistema. Consideremos, por exemplo, que houve o lançamento do livro O *conceito de informação na ciência contemporânea:* a perspectiva da ciência da informação. A questão está em localizar a melhor classificação para essa obra em uma biblioteca do curso de pós-graduação em Ciência da Informação. Qual é a probabilidade de se chegar à resposta certa, aleatoriamente? Podemos conceber uma situação em que existam dez maneiras de classificar, mas apenas uma aponta para a resposta correta. Nesse caso, só há uma possibilidade e nenhuma variedade. A variedade aumenta um pouco se for requerido que a classificação seja genérica. Nessa situação, existem dois arranjos possíveis. Conseguir uma classificação geral é de uma possibilidade em cinco. O número de possibilidades aumenta significativamente caso seja considerada qualquer classificação, incluindo aquelas periféricas (por exemplo, a classificação dessa obra em uma biblioteca pública). Nesse caso, haverá então dez classificações possíveis.

Se um estado de alta entropia significa que há muitas maneiras diferentes de arranjos e se um estado de baixa entropia significa que existem menos possibilidades de arranjos, então a entropia pode ser descrita em termos matemáticos. Esses termos simbolizam os possíveis arranjos entre as partes de um sistema e a possibilidade de variedade entre eles. Sua equação básica, proposta por Boltzmann, é fundamental para a TMI:

$$S = K \log W$$

onde:

S significa entropia;

K é uma constante universal;

W é o número de maneiras em que as partes de um sistema podem ser arranjadas;

A entropia de S é máxima quando todas as partes do sistema se encontram misturadas aleatoriamente.

Servimo-nos de um exemplo criado pelo próprio Boltzmann, citado por Campbell (1983), para visualizar a aplicação dessa equação. Trata-se de um usuário que busca uma obra em bibliotecas com arranjos distintos:

- o usuário em pouco tempo localiza o livro desejado, caso a biblioteca esteja em um bom estado de ordem e os que a utilizam obedeçam às suas regras, pois há uma única maneira possível de arranjar esse documento na estante;
- a biblioteca opta por arranjar os livros nas estantes de acordo com a cor da capa de cada um deles. O usuário encontra o material bibliográfico desejado em tempo menor, caso saiba a cor da capa desejada. Esse arranjo contém uma certa ordem e transmite alguma informação, porém em quantidade menor que a primeira;
- as regras foram abandonadas, e os documentos colocados aleatoriamente nas estantes.

Ao aplicarmos a equação da entropia de Boltzmann a esses arranjos, veremos que é baixa a entropia na primeira biblioteca, pois o número de maneiras em que os livros podem ser arranjados nas prateleiras é pequeno, ao passo que a entropia da terceira biblioteca é alta e significa falta de informação, incerteza.

Podemos rearranjar o acervo da terceira biblioteca?

A resposta pode ser obtida pelo exemplo imaginário, proposto por Maxwell: um gás em um estado de entropia máxima pode ser colocado novamente em ordem. Diante dessa hipótese, em 1871, o autor cria um ser, conhecido como demônio de Maxwell. Essa criatura pequena, inteligente e ágil, atua no interior de um vaso fechado e isolado que contém gás em temperatura uniforme e uma parede divisória separa os compartimentos A e B. Consiste sua tarefa em permitir a passagem das moléculas mais rápidas do compartimento A para o B, e das mais lentas do B para o A, por orifícios que ele mesmo abre e fecha. Essa atividade pode elevar a temperatura de B e abaixar a temperatura de A ou vice-versa.

A partir da informação relativa à velocidade de cada molécula, o demônio cria ordem a partir da desordem. Agindo contra o segundo princípio da termodinâmica (quando o calor concentrado em um corpo se espalha pelos corpos vizinhos, há um acréscimo de desorganização), o demônio de Maxwell gera uma fonte de energia disponível.

Hipoteticamente, esse ser que não usa nenhuma energia ao abrir e fechar os furos poderia atingir o resultado dito impossível pela termodinâmica e reverter um processo irreversível. Mesmo que o demônio de Maxwell não use energia ao abrir e fechar os buracos, ele precisa de informação para distinguir as moléculas rápidas das vagarosas, asseguram Campbell (1983) e Epstein (1986), entre outros.

A informação por si só é suficiente para reduzir a entropia de um sistema e fazer sua energia acessível e útil novamente? Pode essa criatura executar tal tarefa meramente pela observação e experimentação? A resposta a essas questões é: não.

Na busca de informação sobre as moléculas no compartimento escuro de gás, o demônio de Maxwell precisa de uma fonte de luz. Talvez ele possa receber uma pequena lanterna de bolso. Ainda assim, levanta-se uma grande dificuldade. Utilizando uma lanterna, o demônio produz uma certa quantidade de ordem, um contraste entre a alta classificação de energia da luz e a baixa classificação de energia das moléculas de gás. A segunda lei da termodinâmica decreta que essa ordem tende a desordenar-se, aumentando a entropia, e a trazer todo o sistema, incluindo o demônio, a um estado de equilíbrio.

Nesse sentido, Wiener (1993, p.30) assegura que a física moderna reconhece que o demônio só obtém a informação, que confere a ele poder para abrir ou fechar portas, por meio de algo como um órgão sensório, que, para tais propósitos, será um olho:

A luz que incide sobre o olho do demônio não é um suplemento do movimento mecânico, destituído de energia, mas partilha, fundamentalmente, das propriedades do próprio movimento mecânico. A luz não pode ser recebida por nenhum instrumento a menos que o atinja, e não pode indicar a posição de qualquer partícula sem igualmente atingi-la. Isso significa, então, que mesmo de um ponto de vista puramente mecânico, não podemos considerar a câmara de gás como apenas contendo gás: ela contém, mais exatamente, gás e luz, que podem ou não estar em equilíbrio. Se estiverem, poder-se-á demonstrar, como consequência da atual doutrina física, que o demônio de Maxwell ficará tão cego como se ali não houvesse luz alguma. Teremos uma nuvem de luz proveniente de todas as direções, que não dá nenhuma indicação da posição e momentos das partículas de gás. Por isso, o demônio de Maxwell só poderá atuar num sistema que não esteja em equilíbrio. Num sistema assim, contudo, verificar-se-á que a constante colisão entre a luz e as partículas de gás tendem a levar uma e outras a um estado de equilíbrio. Dessarte, conquanto o demônio possa inverter temporariamente a direção usual da entropia, ao fim e ao cabo ele também se desgastará.

Corroborando essa afirmação, Campbell (1983) mostra que o demônio de Maxwell, no simples ato de obter informação sobre as moléculas, cria, no mínimo, a mesma quantidade de entropia que é eliminada pela classificação das moléculas em compartimentos separados. Na opinião de Szilard (1922 apud Campbell, 1983), não é somente trabalho nem somente ordem que se sacrifica por uma degradação irreversível da energia, mas informação também e até mesmo algo que parece tão simples, como uma observação.

Um paralelo pode ser visto entre o trabalho de Carnot e o de Boltzmann no que se refere à entropia, diz Campbell (1983). O foco de interesse da teoria da termodinâmica progride do que pode fazer um sistema para o que é possível observar sobre o sistema. A ênfase da mudança é de trabalho para informação. Informação tem a ver com a conexão entre ordem e o estado de incerteza de alguém, com a natureza ambígua da probabilidade, e com o fato de que ordem e probabilidade estão relacionadas uma à outra, ambas na termodinâmica e na TMI.

Com efeito, Wiener (1993, p.14-21) generaliza o conceito de entropia, relacionando-o com o conceito de informação.

Conforme aumenta a entropia, o universo, e todos os sistemas fechados do universo, tendem naturalmente a se deteriorar e a perder a nitidez, a passar de um estado de mínima a um outro de máxima probabilidade; de um estado de organização e diferenciação, em que existem formas e distinções, a um estado de caos e mesmice... As mensagens são, por si mesmas, uma forma de configuração e organização. ... Assim como a entropia é uma medida de desorganização, a informação conduzida por um conjunto de mensagens é uma medida de organização. Na verdade, é possível interpretar a informação conduzida por uma mensagem como sendo, essencialmente, o negativo de sua entropia e o logaritmo negativo de sua probabilidade. Vale dizer, quanto mais provável seja a mensagem, menor será a informação que propicia.

Como Shannon, Wiener (1993) recorre à termodinâmica para relacionar o conceito de entropia ao de informação. Conforme vimos, entropia está associada ao grau de desordem em uma situação e à tendência de o sistema tornar-se aleatório. Em uma situação altamente organizada, que não se caracteriza por um grau elevado de aleatoriedade ou de possibilidade de escolha, podemos dizer que a informação é baixa. A noção de informação, do mesmo modo que a noção de entropia, encontra-se ligada à probabilidade de ocorrência dos acontecimentos.

INFORMAÇÃO E PROBABILIDADE

A TMI, como mostramos no início deste capítulo, desenvolve-se a partir de investigações nos campos da física, engenharia e matemática que se interessam pela organização entre ocorrências de eventos. A noção de informação, do mesmo modo que a noção de incerteza, encontra-se organicamente ligada à probabilidade dos acontecimentos. A quantidade de informação ou a redução de incerteza, no sentido da TMI, é equacionada a partir de dois conceitos matemáticos: de probabilidade e de função logarítmica.

Informação, para Shannon (1963), não está relacionada a uma mensagem em particular e sim à probabilidade de selecionar conjuntos de mensagens. Assim, por exemplo, em uma conversa, informação é transmitida quando quem fala diz algo que muda o conhecimento de quem ouve. Isso significa que o ouvinte se encontra em um estado de incerteza sobre qual mensagem ouvirá. Ele sabe que a mensagem será uma dentre várias possíveis. Quando quem fala envia sua mensagem, ele torna uma dessas possibilidades real, excluindo as demais e acabando com a incerteza do ouvinte. O ato de comunicação implica, necessariamente, a existência de um conjunto de possibilidades.

Quanto maior é a probabilidade de ocorrência da resposta correta, menor é a redução de incerteza. Os eventos raros são os menos esperados, e, portanto, sua ocorrência reduz a incerteza e transmite mais informação. Por outro lado, quanto mais provável é a mensagem, menor é a quantidade de informação.

Tomemos outro exemplo, o resultado de um desafio de futebol apresentado por Kondratov (1976, p.27-8): acontece o confronto entre duas equipes de igual valor, em uma eliminatória em que não pode haver empate e o número específico de gols (2, 3, 4...) não tem importância alguma. As eventualidades possíveis do resultado desse jogo se podem conhecer antes do confronto: a vitória ou a derrota, o sim ou o não.

A notícia da vitória de seu time proporciona ao torcedor, além de alegria, uma certa quantidade de informação. Independentemente da decepção com a derrota de sua equipe favorita, a notícia fornece ao torcedor uma quantidade de informação absolutamente igual à do anúncio da vitória.

Suponhamos, dessa vez, que haja desigualdade de força, que o time do torcedor em questão jogue na primeira divisão e o outro time na segunda. A notícia da vitória da equipe mais bem preparada fornece uma quantidade menor de informação, porque antes do desafio está quase certo o resultado. O anúncio de derrota da equipe, porém, será uma notícia tão inesperada quanto desagradável para o torcedor anônimo. O consolo é que essa última notícia fornece uma quantidade maior de informação do que a notícia da vitória. Desse modo, informação não é propriedade de uma mensagem, mas do conjunto de mensagens possíveis do qual provém.

A informação, para Shannon (1963), está também associada ao grau de liberdade de escolha na seleção de uma mensagem. Essa medida é dada pelo logaritmo do número de escolhas possíveis das mensagens, cuja ocorrência é governada por possibilidades.

INFORMAÇÃO E CONTROLE BIBLIOGRÁFICO 101

Quanto maior é o número de escolhas possíveis de uma mensagem gerada na fonte, maior é a quantidade de informação associada a sua ocorrência.

A quantidade de informação gerada em uma fonte está relacionada a seu grau de organização: tanto em uma fonte organizada ao máximo, desde que conhecida pelo receptor (liberdade de escolha zero), quanto em uma fonte sem organização (liberdade de escolha máxima) não há informação.

A função logarítmica é adotada por Shannon (1963) como a mais adequada para medir a redução de incerteza ou a quantidade de informação. Cada unidade de medida da informação denomina-se *bit*, assim como se denomina metro à unidade de medida do comprimento e quilograma à de massa. Ela designa os números expressos no sistema binário (0 e 1) e é a abreviação da expressão inglesa *binary digit*. Essa unidade de medida está associada à seleção de um entre dois eventos equiprováveis. Esses elementos podem ser vistos, simbolicamente, como duas alternativas de escolha de informação. O número de alternativas de escolha de informação traduz seu grau de liberdade em uma situação. Quanto maior é a quantidade de informação, maior é a liberdade de escolha de alternativas.

Para compreendermos como se mede a informação em *bits*, recorreremos à matemática elementar. Aprendemos no ensino médio, logaritmo na base decimal ($\log_{10}$) e Shannon, na TMI, utiliza logaritmo na base dois ($\log_2$). Assim, por exemplo, $\log_2 2 = 1$ *bit*. A mensagem que anuncia as quatro direções da rosa dos ventos, apontando para o norte, sul, leste ou oeste, contém $\log = 2$ *bits*, e a mensagem que fornece o número de pontos de um jogo de dados contém $\log = 2,58$ *bits*. Dessa maneira, torna-se possível efetuar operações matemáticas, como somar e subtrair a informação.

Em uma situação de resultados igualmente possíveis, a quantidade de informação está diretamente ligada ao tamanho do conjunto de mensagens gerada na fonte.

$$H = \log_2 n$$

onde:

H refere-se à incerteza

n refere-se ao número de alternativas possíveis do conjunto dado.

Tecnicamente, nessa situação, o número de *bits* é igual ao número de vezes em que os resultados são reduzidos à metade, até chegar à incerteza zero. À resposta correta, aquela que reduz incerteza, é atribuída uma probabilidade que pode ser 0 e 1.

O exemplo do jogo das perguntas e respostas entre dois adolescentes retrata essa situação. O primeiro a jogar tem por objetivo descobrir qual das oito obras de Monteiro Lobato, representadas pelas primeiras letras do nosso alfabeto, é escolhida pelo segundo jogador. As perguntas devem ser do tipo "A letra escolhida está antes ou depois da letra ___?". As respostas devem ser "sim" ou "não". Uma das maneiras de resolver o problema é dividir o conjunto de oito letras ao meio, resultando em dois grupos de quatro letras. A estratégia a ser aplicada é perguntar em qual das duas metades a letra escolhida se encontra e, a partir da resposta a essa pergunta, subdividir o conjunto até encontrar a solução.

Na simulação referida na sequência, Edwards (1971, p.45-6) mostra como encontrar a solução do jogo, supondo que a letra escolhida tenha sido a F. Em vez de mencionarmos determinada letra na primeira pergunta, dividimos o conjunto em duas porções iguais e indagamos "A letra está antes do E?". Procedemos de igual modo na pergunta subsequente, isto é, dividindo em duas metades as letras restantes.

Pergunta	Divisão		Resposta
Antes do E?	ABCD	EFGH	não
Antes do G?	EF	GH	sim
Antes do F?	E	F	não

Na terceira pergunta "Antes do F?", a resposta é "não", pois a solução é o próprio F. A quantidade de informação associada a esse conjunto de oito letras equiprováveis é de três unidades de informação, chamada de redução de incerteza.

Ao estabelecermos a unidade de informação com base na média de perguntas necessárias para chegarmos à letra que buscamos identificar, teremos determinado o número de decisões realizadas para reduzir a incerteza. No exemplo relatado, três perguntas foram necessárias para reduzir a incerteza e identificar a solução do problema, ou seja, a quantidade de informação associada a essa situação é de três unidades.

Outra ilustração igualmente interessante é apresentada por Littlejohn (1978, p.154). Consideremos a seguinte árvore genealógica:

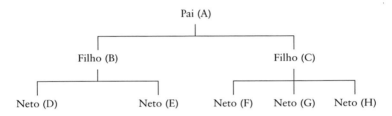

Um dos homens dessa família comete um homicídio. Até onde se pode averiguar, todos os membros da família constituem possibilidades iguais. Que montante de informação existe nessa situação?

Em primeiro lugar, apuramos que o Filho (B), sua família (D e E) e o Pai (A) estavam gozando férias do outro lado do mundo quando o crime ocorre. Essa mensagem fornece um *bit* de informação, porquanto elimina metade das alternativas (A, B, D e E). Além disso, descobrimos que o Filho (C) e o Neto (F) trabalhavam na hora do homicídio, fato que fornece um segundo *bit* de informação, reduzindo de novo as possibilidades à metade. Apuramos depois que (G) morre antes de o crime acontecer, o que produz um terceiro *bit* de informação. Assim, após três eliminatórias, reduzimos a incerteza e identificamos a solução do problema. O Neto (H) é quem comete o crime.

Nos dois exemplos citados, existem oito alternativas possíveis para identificar a solução. Ao aplicarmos a função logarítmica adotada por Shannon nessas situações, temos:

$H = \log_2 8$ então $3 = \log_2 8$

Em outras palavras, $2^3 = 8$.

Um paralelo entre a grandeza do conjunto e o número de perguntas para encontrar o valor de incerteza é mostrado por Edwards (1971, p.49):

Grandeza do conjunto (n)	Número de perguntas (H)
1	0
2	1
4	2
8	3
16	4

Podemos entender, diante do exposto, que a quantidade de informação está ligada a um *valor surpresa* descoberto a partir de uma situação. Esse valor surpresa ou inesperado equivale ao que Shannon (1963) caracteriza como redução de incerteza.

Essa abordagem para a contagem de *bits*, ao pressupor que cada alternativa é igualmente provável, é aperfeiçoada por Shannon para a TMI, porém é frequente a situação em que algumas alternativas possuem maior probabilidade de ocorrência que outras. Nesse caso, faz-se necessária a abordagem estatística para calcular o número de *bits*.

Reportemo-nos aos membros da família anteriormente apresentados. Com base nos antecedentes do Neto (H), Littlejohn (1978, p.155) supõe ser ele o criminoso mais provável. Hipoteticamente, distribuem-se as probabilidades do seguinte modo:

de A até G = 0,05 cada

H = 0,65

O montante de informação, aplicando a abordagem estatística,

$$H = \sum_{i=1}^{n} P_i \log_2 \frac{1}{P_i}$$

onde:

H refere-se à incerteza

P_i à probabilidade de ocorrências de uma dada alternativa

$\sum_{i=1}^{n}$ ao somatório de todas as alternativas

é então:

INFORMAÇÃO E CONTROLE BIBLIOGRÁFICO

H = 7 (0,21) + 0,41 = 1,88 (tomando essas probabilidades como base, há 1,88 *bit* de informação ou incerteza na situação do homicídio).

Apesar dos ganhos que a TMI apresenta, ela mostra limites claramente observados, como no caso das opiniões, dos gostos individuais, que, na qualificação pessoal, desempenham um importante papel. Essa qualidade relevante para o domínio da significação humana de informação não pode ser avaliada por unidades tão precisas quanto o grama ou o *bit*. Por exemplo, um corpo de cem quilos deve ser considerado pesado ou leve?

A avaliação desse peso depende da força física de quem o levantar. Para uma criança que não pode deslocar um peso equivalente a dez quilogramas, cem quilos tornam-se pesados demais; para um halterofilista que ergue com facilidade duzentos quilos, cem quilos tornam-se por demais leves. A noção de peso é relativa, mas peso como medida é exato.

Do mesmo modo, o valor ou a qualidade da informação é relativo ao agente que a emite e/ou que a recebe, embora possamos medir exatamente a quantidade de informação em *bits*. Dois livros fornecem a mesma quantidade de informação: um conto de Fernando Sabino e um lançamento que trata da cura da Aids. Qual deles escolhemos para uma leitura cotidiana? É provável que, em situações normais, a opção pela obra literária tenha a preferência. Isso porque Fernando Sabino imprime, em seus escritos, fatos interessantes com simplicidade e fatos engraçados sem jamais vulgarizá-los. Um médico especialista em doenças infecciosas, porém, certamente terá interesse pela segunda opção. No sentido da TMI, as cem mil letras de um livro enfadonho fornecem a mesma quantidade de informação que as cem mil letras do romance de aventuras mais cativante.

Vimos, nas ilustrações registradas, que a quantidade de informação, do modo como sugere a TMI, independe do significado das mensagens. No entanto, uma estimativa de gênero puramente quantitativo como única opção na escolha de uma leitura mostra--se insuficiente. Trataremos da interpretação das mensagens na próxima seção.

INFORMAÇÃO E SISTEMA DE COMUNICAÇÃO

A comunicação a distância foi limitada até o século XVIII. Dispunha-se de meios como os sinais de fumaça dos índios da América do Norte, o estrondo dos tambores em civilizações africanas, o mensageiro a cavalo que, apesar de lento, levava consigo uma quantidade grande de mensagens, o telégrafo aéreo de Claude Chappe, de 1794, composto de braços móveis montados sobre torres, eficazes apenas para transmissão de mensagens breves.

Ao tratar desse assunto, Barreto (1999, p.3) enfatiza a passagem da cultura tribal para a cultura escrita/tipográfica e dessa para a cultura eletrônica, da maneira como segue:

> A cultura auditiva vivia em um mundo fechado de ressonância tribal e com sentido auditivo da vida. Do ouvido sensível dependia a harmonia de todos os membros do grupo. ... Tempo e espaço se realizam no momento da mensagem. Na cultura escrita, o espaço visual é uma extensão e intensificação do olho, que não é uniforme, nem sequencial ou contínuo. ... A escrita fragmentou o espaço de convivência e a tipografia terminou de vez com a cultura tribal e multiplicou as características da cultura escrita no tempo e no espaço. ... Esta passagem da cultura tribal para a cultura escrita/tipográfica foi uma transformação para o indivíduo e para a sociedade tão profunda como vem sendo a passagem da cultura escrita para a cultura eletrônica que ora presenciamos.

A comunicação instantânea a distância surge com o domínio da eletricidade e sua utilização para transmitir sinais variados com rapidez. A invenção do telégrafo elétrico por Samuel Morse, pela combinação de três símbolos – o traço, o ponto e o intervalo –, acontece em 1832 e é aperfeiçoada em 1838. Inicialmente, os traços e os pontos simbolizam números que remetem às palavras de um dicionário. Posteriormente, Morse propôs a correspondência direta dos traços e dos pontos com letras do alfabeto. "A simplicidade nos sinais representativos das letras mais frequentes e a complexidade crescente na proporção da menor ocorrência de outras letras foi a solução lógica desse inventor americano", explica D'Azevedo (1971, p.100).

INFORMAÇÃO E CONTROLE BIBLIOGRÁFICO   107

Ao mencionarmos os sinais representativos, lembramo-nos da representação descritiva dos documentos em uma dada biblioteca, tanto na catalogação quanto na referenciação. Essa representação utiliza sinais para distinguir uma área de outra área, obedecendo a regras de padrão internacional. Na catalogação de hoje, as instruções procedem da segunda edição do *Código de catalogação anglo-americano* (AACR-2). As orientações para pontuação, por exemplo, encontram-se prescritas no item 1.0C desse código, e qualquer nação que prescreva o AACR-2 faz uso dos mesmos sinais:

. – um ponto espaço travessão espaço (precedem cada área, com exceção da primeira)
[ ] colchetes (para os dados obtidos fora da fonte de informação prescrita)
:   dois-pontos (antecedem cada unidade de outras informações na mesma área)
/   uma barra oblíqua (vem antes da indicação de responsabilidade)
;   ponto e vírgula (antecede cada indicação subsequente de informações hierárquicas em uma mesma área)
=   igualdade (precede cada título equivalente)

Pignatari, Décio
    Informação. Linguagem. Comunicação = Teoria
da Informação : introdução / Décio Pignatari ; notas
de Cláudio Luis Araújo. – 6. ed. , rev. – São Paulo :
Perspectiva, [1973].
147p. : il. ; 21 cm.

    1. Teoria da informação. 2. Comunicação. I. Autor. II.
Título.

O livro catalogado, desde que seja usado o mesmo código, recebe os mesmos sinais, seja qual for o local em que é feita a catalogação, e, consequentemente, a mesma interpretação para cada um deles.

Depois da criação do código Morse, Émile Baudot, em 1848, concebe um sistema telegráfico que funciona em uma base binária. O aperfeiçoamento do telégrafo ocorre em 1874, quando Thomas

Edison descobre que é possível transmitir duas mensagens simultâneas em um mesmo circuito elétrico. A transmissão de sinais por correntes elétricas com velocidade bem maior que aquelas transmitidas por sinais telegráficos dá-se com a invenção do telefone, em 1875, por Alexandre Graham Bell.

A TMI surge com o estudo dos sinais elétricos, que constitui o primeiro suporte mensurável com precisão e forma subsídio para a criação de sistemas que processem informação com rapidez, eficácia e economia do sinal.

A informação a ser comunicada, por meio do modelo desenvolvido por Shannon & Weaver (1963), deve ter uma *fonte* e um *destino*, distintos no tempo e no espaço, em que o *canal* de comunicação que os une origina uma cadeia. Para que a informação transite por esse canal, torna-se necessário reduzi-la a sinais aptos a essa transmissão. Essa operação é chamada de codificação e o que a realiza é o *transmissor* ou o emitente. No ponto de destino, um *receptor* reconstrói a informação a sua forma original, decodificando-a tendo em vista o destinatário. Na Figura 1, mostramos uma representação diagramática desse modelo:

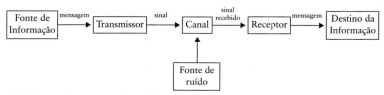

FIGURA 1 – Diagrama esquemático de um sistema de comunicação.
Fonte: Shannon (1963, p.5) e Weaver (1963, p.98).

Nesse modelo esquematizado, temos:

a) *fonte de informação*: gera informação para ser comunicada a um destino em particular;

b) *mensagem*: é selecionada a partir de um conjunto de possíveis eventos e pode ser representada por letra, imagem etc.;

c) *transmissor*: produz uma sequência de sinais e possibilita que esta seja apropriadamente enviada ao receptor por meio de um canal;

d) *canal*: meio utilizado para transportar os sinais do transmissor ao receptor (durante a transmissão, em qualquer parte do canal, o sinal pode ser alterado por um ruído);

e) *receptor*: executa a operação inversa do transmissor, reconstruindo a informação;

f) *destino*: pessoa ou entidade para quem a mensagem será endereçada (o destino deve conhecer o conjunto de sinais disponíveis na fonte de informação).

Um exemplo mostra como funciona esse modelo de comunicação em uma relação entre humanos: o cérebro do locutor é a fonte; o sistema vocal, o transmissor; o veículo aéreo, o canal; o ouvido de quem ouve é o receptor, e seu cérebro o destino.

Em outra ilustração, apresentada por Epstein (1986), uma ênfase é dada ao tratamento da semiótica. Um jogador de xadrez envia seu lance P4R por correspondência para seu adversário. Claramente se identificam, nesse processo de comunicação, o emissor, a mensagem, o canal e o receptor, mas o que dá sentido ao processo são as regras do jogo de xadrez ou o que denominamos código. Assim, o manual das regras do jogo (como o tabuleiro) pode estar diante dos jogadores ou apenas na mente de cada um deles. Nesse exemplo, Epstein (1986, p.16) aponta também o campo referente à Teoria da Comunicação e o distingue do campo da Teoria Matemática da Informação.

A *comunicação* envolve o significado ou a interpretação das mensagens, que dependerá da dimensão semântica do código ao qual está referido. As mensagens só adquirem sentido quando rebatidas a códigos, e a atualização destes dá-se através das mensagens.

A *informação* depende apenas da variedade ou do número de mensagens possíveis abrangidas pelo código. No caso acima, a informação de P4R corresponde a uma redução de incerteza antes de sua efetivação, computável pelo número de lances possíveis naquela situação, para o lance realmente efetivado, no caso, P4R.

Pode-se, desse modo, quantificar a informação independentemente do significado das mensagens.

Na concepção de Weaver (1963, p.96), a TMI sugere três áreas de interesse relacionadas à comunicação. Até hoje, a grande maioria dos estudos relaciona-se sobretudo com a primeira delas, embora haja algumas extensões para as duas outras:

- área técnica: preocupa-se com a transmissão exata da informação;
- área semântica: preocupa-se com a precisão do significado da informação do emissor ao receptor;
- área de eficiência: preocupa-se com os efeitos da informação sobre o comportamento do receptor (a comunicação através de mensagens afeta o sistema, caso mude o estado intencional do organismo).

A primeira área trata da informação como medida de incerteza em uma situação ou mensagem e de sua transmissão acurada e eficiente.

Na segunda, a que se refere ao plano semântico, é acrescido o elemento humano da interpretação e compreensão. A informação semântica reduz o número de alternativas existentes para interpretar uma situação. Nesse caso, um montante de incerteza é eliminado quando uma pessoa recebe informação a respeito de alguma coisa.

No exemplo do crime apresentado anteriormente, há oito possíveis criminosos. Como eles são igualmente prováveis, existem na situação três *bits* de informação. Quando recebemos a mensagem de que metade dos sujeitos andava correndo o mundo em férias no dia do homicídio, isso significa termos recebido um *bit* de informação semântica.

A terceira área sugerida por Weaver (1963), a da eficiência, trabalha com o impacto ou efeito da informação sobre o sistema. Nessa abordagem, lida-se com a informação, mas também com aspectos afins da mensagem. Faz-se necessário que haja vários cursos de ação, tendo cada um deles uma probabilidade de levar ao resultado desejado. Trabalha-se, então, com probabilidades desiguais; uma alternativa tem maior probabilidade de ocorrer que outra.

Conforme apontamos no primeiro tópico deste capítulo, *mensagem* pode ser entendida como o conjunto estruturado de determinados elementos que vai da fonte ao receptor (Moles, 1969). Quando dialogamos, o discurso é a mensagem; do mesmo modo, a expressão em nossa face é a mensagem quando sorrimos.

Dois tipos de mensagens parecem singularmente importantes, para Pignatari (1969) e D'Azevedo (1971), quanto à estrutura por elas apresentada: as digitais e as analógicas. Estas ligam-se ao mundo físico, são menos precisas e mais diretas, têm como suporte um sinal contínuo; uma oscilação em um fio elétrico é uma ilustração. Aquelas são constituídas por unidades que se manifestam separadamente, são mais precisas e menos diretas. O alfabeto, o sistema numérico e as notas musicais constituem exemplos de mensagens digitais (a maior parte dos trabalhos realizados com simuladores mecânicos do cérebro utiliza máquina desse tipo, conforme veremos no próximo capítulo).

É possível distinguir pelo menos dois elementos fundamentais na mensagem: *forma-conteúdo* e *código*, tanto para Pignatari (1969) quanto para D'Azevedo (1971). Forma e conteúdo são indissociáveis. Contudo, eles não são idênticos em seus conceitos e fundamentos. Na visão de D'Azevedo (1971, p.59), a identificação de assunto de uma mensagem com o conteúdo da mesma mensagem é causa comum de confusão e desentendimento:

> Podemos ter inúmeras mensagens sobre o mesmo assunto, resultando daí inúmeros conteúdos para as mensagens, cada um deles, determinado e definido, pela forma pela qual o assunto foi tratado, em cada uma delas. Portanto, conteúdo é o assunto devidamente estruturado, é o assunto que assumiu uma forma; assim sendo, nem a forma existe sem o conteúdo, pois ela foi resultante da estruturação do assunto, nem o conteúdo existe sem a forma, pois antes dela ele não era mais que um assunto.

O outro elemento fundamental da mensagem, apontado por Pignatari (1969) e D'Azevedo (1971), é o *código*, pela importância que ele assume na fase da comunicação homem-máquina, em desenvolvimento crescente em nossa época. O código pode ser definido como um conjunto de signos capaz de despertar algum significado, depois de estruturado. É um sistema de símbolos que, "por convenção preestabelecida, se destina a representar e transmitir uma mensagem entre a fonte e o ponto de destino", assinala Pignatari (1969, p.19). Conforme ressalta Bonsack (1970, p.198), um código é adequado "quando permite uma ação eficaz. Se, pelo contrário, as correspondências não tiverem sido corretamente estabelecidas, ele se revelará ineficaz em determinadas situações".

Cada uma das mensagens emitida pelo modelo de comunicação só é significativa quando aceita pelo código respectivo. Assim, o conhecimento do código deve preceder ou ser simultâneo à troca de mensagens. Para um código ser instrumento de transmissão de informação, deve constituir-se basicamente por sinais individuais distintos entre si. Os sinais existem em número limitado, mas é a combinação entre eles que possibilita um número grande de diferentes mensagens. As letras de nosso alfabeto, o ponto, o traço e o intervalo do código Morse e os operadores *e*, *ou*, *não* da álgebra booleana evidenciam que um número reduzido de sinais responde por uma quantidade considerável de combinações.

A combinatória de sinais geralmente é limitada por regras de sintaxe que separam as combinações aceitas como mensagens pelo sistema de comunicação daquelas não aceitas.

Como um caso da aplicação da TMI ao Sistema de Controle Bibliográfico, podemos ver que a recuperação da informação-potencial, um dos serviços oferecidos pelo sistema, utiliza-se da redundância ao fazer a busca do assunto em questão, a fim de evitar ruído na operação, ou seja, resgatar indicações bibliográficas irrelevantes. Os temas ruído e redundância serão abordados no tópico subsequente.

RUÍDO E REDUNDÂNCIA

Mensagem nenhuma, ao ser transmitida, independentemente do canal utilizado, consegue completar seu percurso isenta de distorção ou perturbação. Vem sempre acompanhada de sinais indesejáveis, incluindo a possibilidade de erros. A esses inconvenientes, chamamos ruído.

Ruído é qualquer perturbação que distorça de qualquer modo a passagem do sinal e pode ocorrer em qualquer dos estágios de um canal, ou, de acordo com D'Azevedo (1971, p.82), "é um distúrbio que se insere no canal, podendo alterar a estrutura do sinal". Em geral, assegura Epstein (1986, p.21),

INFORMAÇÃO E CONTROLE BIBLIOGRÁFICO

o fenômeno que é produzido em uma comunicação e não pertence à mensagem intencionalmente emitida chama-se ruído, que pode ser aplicado à comunicação visual, escrita, sonora etc. O ruído pode ser originário de defeitos do canal ou de intromissões externas... O ruído, portanto, perturba a recepção fiel da mensagem, alterando-a.

O ruído pode ligar-se também ao universo cultural do receptor. Pode ser um som que não se quer ouvir, uma imagem que não se quer ver ou um texto que não se quer ler. Um concerto de instrumentos, que se exibe pela madrugada de um pacato bairro de cidade interiorana, pode ser considerado ruído para quem anseia pelo silêncio para dormir. De modo inverso, o ruído desordenado dos aplausos, ao final de um concerto de instrumentos de cordas no Teatro Municipal, é sinal significativo e não menos desejado pelos músicos artistas.

Com a finalidade de garantir a transmissão da mensagem na conversa ao vivo e ao telefone, utilizamos um vocabulário restrito de palavras mais breves e as repetimos continuamente a fim de superar o ruído do canal ou do ambiente. Na comunicação escrita, ampliamos o vocabulário e evitamos a repetição, dada a menor taxa de ruído do canal ou do veículo.

Um exemplo grave de ruído ocorreu em uma matéria publicada no jornal O *Estado de S. Paulo*, de 30 de julho de 1966. Uma manchete chamou a atenção dos leitores: *Bertioga vai ser eliminada*. Felizmente, para os habitantes daquele município e demais interessados, tratava-se de um plano de iluminação.

Outra situação mostra que um violinista se prepara para uma grande apresentação e, para tanto, solicita um levantamento bibliográfico, utilizando-se de um teleatendimento, sobre o tema: *Descrição de um concerto de instrumentos de corda*. Dias depois, o usuário recebe em seu conservatório o resultado da consulta. Para sua surpresa e desapontamento, as referências bibliográficas relacionadas no impresso referem-se ao reparo dos instrumentos e não à sessão musical. Um ruído na comunicação via telefone (conserto/concerto), acrescido de um erro gráfico (conserto), desencadeiam a formulação de uma estratégia de busca (e, ou, não) que tem como consequência uma recuperação inadequada de indicações bibliográficas ("conserto" e não "concerto").

Nenhum sistema de comunicação está isento de ruído. Caso a taxa de ruído seja baixa, existe a possibilidade de obter informação precisa; caso seja alta, a possibilidade se reduz. O ruído pode ocorrer, como vimos anteriormente, em qualquer estágio de um canal de comunicação e pode ser atenuado pelo código. Esse, por sua vez, fixa um repertório de símbolos.

Já a redundância na mensagem é introduzida por meio de regras que neutralizam ruído, evitam ambiguidade e garantem efetiva transmissão, a fim de que a recepção correta da mensagem fique mais bem amparada. As regras proporcionam estruturas ao sistema de comunicação e são essas estruturas que permitem previsão de ocorrência de sinais.

A forma mais simples de redundância é a simetria e pode ser entendida simplesmente como repetição. Quanto maior a redundância, maior a previsibilidade.

Nessa perspectiva, Epstein (1986, p.21) aponta com pertinência que:

> Quando a capacidade combinatória dos sinais é utilizada integralmente, não há redundância e o custo da transmissão é mínimo, mas em compensação a vulnerabilidade em relação ao ruído é máxima. A redundância é, por outro lado, um fator capaz de proteger a mensagem contra o ruído embora onerando a transmissão, uma vez que emprega um número maior de sinais do que o estritamente necessário.

A redundância pode compensar o ruído em uma mensagem, além de permitir ao receptor corrigir ou preencher os estímulos distorcidos ou em falta. Por motivo desconhecido, recebemos uma mensagem cuja primeira linha se apresenta do modo como segue:

Lu____ foi ____dato a Presi_____blica pelo PT.

Ainda que haja falta de um número considerável de letras, podemos atribuir um sentido a essa sentença por causa da previsibilidade ou redundância. Assim, redundância é a proporção de uma situação que é previsível ou, ainda, a medida da certeza de uma situação.

Para antecipar-se ao ruído, para anular e evitar seus inconvenientes, recorre-se à redundância. O conceito de redundância como "desperdício relativo de símbolos dos mais sugestivos" é analisado por D'Azevedo (1971, p.87). Distingue esse autor pelo menos dois tipos de redundância: uma redundância de compreensão, de combate ao ruído, como o bater na porta com o nó dos dedos, que é sempre repetido, e nunca um simples e breve toque; e uma redundância estética, estilo de conhecidos escritores que transformam informações triviais, ou redundância necessária, de baixo teor informativo, em estética desenvolvida como estilo peculiar. No poema "No meio do caminho", escrito por Carlos Drummond de Andrade, há vinte palavras-tipo e sessenta e uma palavras-ocorrência (palavra-tipo é um conceito linguístico, é a palavra em estado de dicionário, e palavra-ocorrência é a palavra presente de modo efetivo). Nesse poema, em média, uma palavra se repete em cada grupo de três palavras, fator que contribui para o teor de informação estética do poema.

No meio do caminho
No meio do caminho tinha uma pedra
tinha uma pedra no meio do caminho
tinha uma pedra
no meio do caminho tinha uma pedra.

Nunca me esquecerei desse acontecimento
na vida de minhas retinas tão fatigadas.
Nunca me esquecerei **que** no meio do caminho
tinha uma pedra
tinha uma pedra no meio do caminho
no meio do caminho tinha uma pedra.[1]

Vejamos outros exemplos que poderão oferecer subsídios para uma melhor compreensão do que seja redundância:

a) no sistema linguístico, há índices diversos de redundância. Podemos observar maior redundância no português do que no inglês. Em português, as normas que comandam o ato de colocar o sinal de plural no substantivo e no adjetivo possibilitam a

---

1 Drummond de Andrade (1967). Negritamos as palavras-tipo para melhor identificá-las.

eliminação de "s" sem perda de informação. No inglês, o sinal de plural não pode ser eliminado sem erro na informação.

The yellow houses.
As casas amarelas.

É possível eliminar um e até dois "s" do sintagma escrito em português sem perda da informação (desde que não seja o "s" do artigo), enquanto o mesmo não acontece no sintagma escrito em inglês.

The yellow house (se retirarmos o "s" há perda de informação)
As casa amarela (se retirarmos até dois "s" não há perda de informação);

b) os sobrenomes brasileiros como Nogueira, Silva e Pereira são altamente redundantes; por isso, no Brasil, as pessoas tratam-se pelo prenome, Paula, Carolina, Fábio, ou pelo apelido, Guga, Alemão, que são menos redundantes;

c) em português, as consoantes informam mais que as vogais. As consoantes, que são 19, representam 52% do total de letras de um texto qualquer, ao passo que as vogais, que são cinco, representam 48%, evidenciando que são altamente redundantes.

Há ainda sistemas que não permitem redundância, aqueles integralmente informacionais, que a presença do ruído pode destruir. Cálculo matemático, número de telefone, data e endereço são alguns deles. Errar um único dígito denota erro na informação.

Existem, por fim, casos em que a comunicação é impossível. São aqueles que representam a imprevisibilidade ou previsibilidade total dos sinais. Referimo-nos à possibilidade de prever tudo o que alguém vai dizer e, de igual modo, de nada poder prever. Trata-se de casos extremos de não comunicação. Sirva de exemplo a frase proferida a um leigo em nomenclatura científica de plantas:

Você é para mim como um **heliotrópio**.
(nome científico de girassol)

Podemos então dizer que a comunicação implica a existência de um repertório, entendido como a soma de conhecimentos codificados, e de um código, comuns tanto ao emissor quanto ao receptor.

Compreendida dessa maneira, a comunicação precisa alimentar-se da informação nova, com a finalidade de combater sua própria tendência entrópica. Essa informação pressupõe um aumento do repertório e uma diminuição da taxa de redundância do sistema. Com base nessa visão, linguagem, repertório, código e mensagem encontram-se vinculados. A partir do repertório e da linguagem, as mensagens podem ser estruturadas. Encontram-se ligadas à noção de repertório não só a quantidade de informação, mas também a capacidade de manipulação do código, como ressalta D'Azevedo (1971, p.91):

> Dança e futebol são, em si mesmos, linguagens humanas, a partir de repertórios individuais ou grupais que possuímos. O brasileiro codifica de uma forma riquíssima e específica tais mensagens, por uma série de razões peculiares à nossa realidade. Havendo, como há no Brasil, cerca de 12 a 15 mil jogos de futebol por semana, computadas as partidas mais importantes dos campeonatos oficiais, até as peladas de praia ou de pracinhas do interior, isto significa uma manipulação intensíssima do código, com a consequente organização de tal mensagem em níveis sempre mais elevados e originais.

Corroborando a exposição de D'Azevedo, Pignatari (1969) esclarece que o significado é uma relação entre o interpretante do emissor e o interpretante do receptor; é uma função dos respectivos repertórios, confrontados na prática efetiva dos signos. Para aclarar essa afirmação, o próprio Pignatari (p.33) relata a historieta registrada na sequência:

> Um garoto recém-alfabetizado costumava passar, em companhia da irmã, já ginasiana, em frente a um edifício onde se lia "Escola de Arte". Intrigado perguntou à irmã: "Escola de arte... que é isso?" E a irmã: "Escola de arte... onde se ensina arte". E ele: "Puxa!... Deve ser uma bagunça!" Para ele, "arte" significava "molecagem", "peraltice", de acordo com o repertório que lhe forneciam os ralhos da mãe ("Esse menino vive fazendo arte").

Conforme ilustra a passagem acima, os sinais (signos) não carregam os significados em si e as mensagens não transmitem significados. Sinais e mensagens têm uma virtualidade própria, despertam significados nas pessoas que os recebem.

Essa dimensão do significado, tão rica à comunicação humana, escapa do domínio de análise da TMI. Ela trabalha com a sintaxe que, como vimos, estuda a relação dos signos entre si, independentemente de seus significados. Não interessa à TMI o conteúdo dos sinais, tampouco o assunto a que tais sinais se referem. Interessa, sim, o campo estatisticamente construído pelos sinais transmitidos, ou mais especificamente, o campo relativo à quantidade de informação.

Em resumo, com base na TMI, formulada por Shannon & Weaver (1963), mostramos que é possível medir a informação no sentido quantitativo e que a expressão usada por esses pesquisadores, para se chegar a essa medida, tem a mesma forma da equação desenvolvida para o princípio da entropia. Examinamos o processo de transmissão da informação e ainda como a informação se degrada sob o efeito do ruído e da entropia. Apresentamos também o modo como a redundância compensa o ruído e permite corrigir ou preencher estímulos distorcidos ou em falta.

Podemos relacionar esses aspectos da TMI à recuperação da informação-potencial, resultado do registro dos documentos inseridos no Sistema de Controle Bibliográfico. Esse processo vale-se da estratégia de busca que, ao empregar os operadores booleanos (*e*, *ou*, *não*), utiliza a redundância e evita o ruído, ou seja, o resgate de indicações bibliográficas irrelevantes.

No capítulo subsequente, examinaremos como a informação-potencial, recuperada pelo sistema, com suas características de imprevisibilidade, de incerteza e de probabilidade, aproxima-se da proposta evidenciada na Teoria Matemática da Informação de Shannon & Weaver e encontra respaldo na cibernética. Aplicaremos as leis fundamentais da cibernética, a da regulação e a do controle, ao Sistema de Controle Bibliográfico.

5 INFORMAÇÃO, CIBERNÉTICA E CONTROLE BIBLIOGRÁFICO

"Em tudo o que ultrapassa a rotina repetitiva,
existe uma infinita parcela de novidade e de processo
criador humano, estando as bases da criação assentadas
na capacidade de combinar o antigo e o novo."

(Vygotsky, 1989)

INFORMAÇÃO E CIBERNÉTICA

Há um século, parecia bem pouco provável pensar que as máquinas poderiam tornar-se realmente automáticas, capazes de controlar a si mesmas com base na informação.

Brincar com a ideia de que as máquinas representariam um novo reino, e prever como um dia particularmente crítico aquele em que as máquinas seriam realmente automáticas, acontece faz cem anos, mais precisamente em 1870, com as palavras de Samuel Butler em sua obra *Erewhon*:

> Até o momento, as máquinas recebem suas impressões através do homem e por meio de seus sentidos. Uma locomotiva em marcha lança um grito agudo de alarme a uma outra locomotiva e esta imediatamente a deixa passar, mas foi por meio do ouvido do maquinista que uma agiu sobre a outra. Sem o maquinista, a máquina chamada teria ficado surda ao grito da outra que a chamava. Houve um tempo em que teria parecido bem pouco provável que as máquinas pudessem aprender a dar a conhecer suas necessidades por meio de sons, mesmo tendo como intermediário o ouvido do homem. Não poderíamos, a partir daí, imaginar que chegará um dia em que elas não terão mais necessidade desse ouvido e que ouvirão graças à sensibilidade de sua própria organização? (apud Ruyer, 1992, p.10-1)

A previsão de Samuel Butler converte-se em realidade. O século XX torna-se o século da técnica, da mecanização integral do trabalho físico. "Hoje, sobre a terra, 99% do trabalho útil são realizados pelas máquinas e somente 1% pelos homens. Há um século o relatório era bem diferente: as máquinas executavam 4% do trabalho e os homens 96%!", assegura Kondratov (1976, p.175). A cibernética empreende a mecanização do trabalho físico e de algumas atividades do trabalho intelectual.

O nascimento da cibernética ocorre na década de 1940, por ocasião do encontro de matemáticos, físicos e fisiologistas como Wiener, Von Neumann, Bigelow, McCulloch e outros, no evento conhecido pelo nome da entidade que o patrocina, Fundação Josiah Macy Junior. Ou mais especificamente em 1948, quando Norbert Wiener publica seu trabalho *Cibernética ou regulação e comunicação no animal e na máquina [Cybernetics or control[1] and communication in the animal and in the machine]*.

O termo cibernética é empregado pelo físico Maxwell em artigo intitulado "On governors", por volta de 1870, para determinar o estudo dos mecanismos de repetição e se referir aos artefatos de controle das máquinas. Anos antes, o físico e filósofo francês Ampère utiliza o termo cibernética como a ciência dos meios de governo que assegura aos cidadãos a possibilidade de usufruir plenamente as benesses deste mundo. Séculos antes de Ampère, o filósofo Platão serve-se da palavra cibernética, no grego (*Kibernétiké*) designada também como a arte de pilotagem, em um sentido figurado, como a arte de dirigir homens, explicam Kondratov (1976) e Bennaton (1986).

De acordo com consulta a dicionário, os termos pilotar, governar e controlar são meras variações do exercício de conduzir alguma coisa. Tais variações pressupõem a existência de uma ligação de ida e de volta entre o elemento condutor e o que é conduzido, ligação que permite imprimir correções na entrada de um sistema a partir dos desvios detectados na saída. O procedimento é denominado *retroação* ou *retroalimentação*, tradução da palavra *feedback* (tema a ser tratado ainda neste tópico).

---

1   Em inglês, o termo *control* tanto significa direção controlada *em curso de ação* quanto controle *a posteriori* (*self-control*).

O conceito de cibernética é encontrado também na língua eclesiástica, assegura D'Azevedo (1972), para qualificar a ciência da organização da Igreja. Entende o autor que tal ocorrência é importante, pois acena pela primeira vez a necessidade organizacional do comando e do controle. Mesmo que inconsciente o relacionamento, "é de significação marcante o fato de ter sido escolhido termo idêntico para qualificar *comando* e *controle*, de uma parte, e *organização*, de outra, em épocas tão distantes e áreas tão alheias entre si" (D'Azevedo, 1972, p.10 – grifo nosso).

A escolha da palavra cibernética por Wiener não é casual, assinala Bennaton (1986, p.12):

> Um duplo motivo levou Wiener a utilizá-la: consagrar o trabalho pioneiro de Maxwell, pois é fundamental na cibernética o estudo de como as máquinas podem ser controladas; e, depois, ressaltar que esta atividade, o controle das máquinas, apenas reproduz em outra escala tanto a técnica dos pilotos quanto a arte dos governantes.

O mérito de Wiener, então, diz Kondratov (1976), consiste em ter sido ele o primeiro estudioso a compreender que, graças aos progressos de um grande número de disciplinas científicas como a Teoria Matemática da Informação, a Teoria dos Autômatos, Técnica de Cálculo e de Automação, todo um círculo comum de problemas ligados à transmissão, acumulação e utilização da informação fica elaborado.

Por mais admirável que seja convivermos hoje com todos os avanços tecnológicos, para que uma mensagem seja enviada, utilizando-se de uma "máquina de informação" (Wiener, 1948, p.49), é necessário, porém, que alguém a alimente, isto é, que alguém forneça à máquina a mensagem a ser transmitida. Os problemas que emanam do diálogo entre o homem e as máquinas são aqueles que conduzem os avanços da cibernética, ciência que se ocupa do estudo dos sistemas capazes de assimilar, conservar, tratar a informação e de utilizá-la para a gestão e regulação.

Até onde nos é permitido saber, assinala Ruyer (1992), a cibernética parece não ter enunciado explicitamente seu ponto de vista acerca da origem da informação. Ao compararmos duas das proposições enunciadas por Wiener (1961), podemos entender essa asseveração de Ruyer.

A primeira delas declara que as máquinas de informação conservam a mesma quantidade de informação do início ao término do processo de comunicação. Não há uma quantidade de informação maior na mensagem que sai da máquina do que naquela que entra na máquina. É possível que haja uma quantidade menor de informação ao término do processo em razão de efeitos gerados pelo ruído e pelo aumento da entropia.

A outra proposição afirma que, mesmo mais aperfeiçoados que as máquinas industriais, os cérebros e os sistemas nervosos são máquinas de informação. Ambas, máquinas industriais e humanas, pertencem à mesma ordem e não são dotadas de nenhuma propriedade transcendente ou de nenhuma outra propriedade que não possa ser imitada por um mecanismo.

A combinação das duas teses de Wiener, na opinião de Ruyer (1992), resulta na impossibilidade de se conceber qual possa ser a origem da informação. Conforme Wiener (1961), o cérebro e os sistemas nervosos são máquinas de informação. Assim, por analogia, podemos aplicar ao cérebro e aos sistemas nervosos o princípio de conservação da informação. Será que é viável tal analogia? Seria a quantidade de informação de saída do cérebro equivalente à de entrada? De acordo com Atlan (1992), essa proposição parece excluir qualquer possibilidade de um papel organizacional do ruído, o qual permitiria um acréscimo na quantidade de informação na saída do sistema. Como exemplo, temos o organismo que, ao ser acometido por uma forte infecção, desenvolve anticorpos contra ela. Essa nova informação, por não ter sido inserida no início do processo, pode possibilitar um acréscimo na quantidade de informação que sai do sistema.

Tivemos oportunidade de ver, no capítulo reservado ao estudo da Teoria Matemática da Informação, que a quantidade de informação enviada não é importante para disparar a ação, e sim a quantidade de informação que ao ser emitida é armazenada o suficiente para servir como disparador da ação. Nas palavras de Wiener (1993, p.92), "o importante não é apenas a informação que introduzimos na linha, mas o que dela resta após ter passado pela maquinaria final encarregada de abrir ou fechar comportas, sincronizar geradores e realizar operações similares".

INFORMAÇÃO E CONTROLE BIBLIOGRÁFICO

Uma resenha da obra *Cybernetics* publicada no jornal francês *Le Monde*, no mesmo ano do lançamento do livro no mercado, em 28 de dezembro de 1948, por um frade dominicano de nome Père Dubarle, informou aos leitores do periódico quanto à existência das novas máquinas de informação e o que elas parecem capazes de realizar. O eclesiástico proclama que tais máquinas podem, por exemplo, "coletar as informações sobre a produção e o mercado e depois constituir um aparelho mundial de tomada de decisões, contando que os processos não sejam conduzidos de forma determinista mas integrem, no mais puro estilo da teoria dos jogos, acontecimentos aleatórios" (Breton, 1991, p.179). O funcionamento de um sistema desse tipo, alerta o religioso, pode suscitar um regime totalitário no qual o controle da informação pela máquina venha privar o homem da possibilidade de tomar decisão.

O artigo escrito por Dubarle apresenta também uma sugestão que confirma algumas implicações da máquina de jogar xadrez colocada dentro de uma armadura: "Podemos sonhar com a época em que uma *machine à gouverner* venha suprir – para o bem ou para o mal – a atual e óbvia insuficiência do cérebro, quando este se ocupa com a costumeira maquinaria da política" (Wiener, 1993, p.176).

A *machine à gouverner*, na perspectiva de Wiener (ibidem, p.178), que compartilha do temor que aflige Père Dubarle,

> não é assustadora devido ao eventual perigo de alcançar o domínio autônomo da humanidade... Seu verdadeiro perigo, contudo, é muito diverso – é o de tais máquinas, embora inermes por si mesmas, poderem ser usadas por um ser humano ou por um grupo de seres humanos para aumentar seu domínio sobre o restante da raça humana. ... A grande fraqueza da máquina – fraqueza que nos salvou até aqui de sermos dominados por ela – é a que ela não pode ainda levar em consideração a vasta faixa de probabilidades que caracteriza a situação humana. A dominação da máquina pressupõe uma sociedade nos últimos estágios de entropia crescente, em que a probabilidade é insignificante e as diferenças estatísticas entre os indivíduos nulas. Felizmente, ainda não alcançamos esse estado.

A realidade humana admite apenas a determinação de seus valores prováveis e não sua exata determinação, como é o caso das máquinas computadoras modernas. Os problemas de estabilidade da predição humana ultrapassam aquilo que hoje é passível de controle na máquina.

Concluindo sua resenha, o referido frade chama a atenção, principalmente dos cientistas, para a crescente mecanização dos aparatos militares e políticos do mundo como sendo um "grande aparelho sobre-humano funcionando de acordo com princípios cibernéticos. A fim de evitar os múltiplos perigos disso ... é mister que conheçamos, qual a natureza do homem e quais os seus propósitos inerentes, mesmo quando devemos usar tal conhecimento como soldados e estadistas; cumpre-nos, outrossim, saber por que desejamos dominá-lo" (ibidem, p.180).

A cibernética, assim, configura-se como a ciência do comando e do controle de um processo organizado com capacidade de autocorreção e realimentação próprias, que imprimem no sistema o máximo de eficiência.

O mecanismo teórico da realimentação é formulado por Wiener, que vê nele um dos fundamentos de todo comportamento organizado e inteligente. É possível distinguir os comportamentos ativos, que dispõem de sua própria fonte de energia, e os não ativos, que utilizam uma fonte exterior de energia. No interior dos comportamentos ativos existem os intencionais, orientados para atingir uma meta, e os fortuitos, dirigidos pelo acaso, diz Breton (1991). Interessa para Wiener (1961) a classe dos comportamentos intencionais, na qual ele inclui as máquinas mais sofisticadas e também a maior parte dos comportamentos humanos. Os gêneros mineral, vegetal, animal ou humano, que distinguem os seres, cedem lugar a uma comparação indiferente à matéria, a que compara a complexidade do comportamento. Um dos elementos fundamentais dessa complexidade é a noção de realimentação ou *feedback*.

Define Ruyer (1992, p.53) uma máquina com *feedback* como aquela que possui "um funcionamento cíclico com uma derivação reguladora pela qual passa uma corrente de informação e comparado automaticamente a um ideal". Ou, como expressam D'Azevedo (1972) e Idatte (1972), quando existe circularidade de ação entre as partes de um sistema dinâmico, é possível afirmar que nesse sistema há realimentação. A realimentação pode ser descrita como um comportamento determinado pelas informações originadas

INFORMAÇÃO E CONTROLE BIBLIOGRÁFICO

do objetivo a ser atingido. A realimentação é, assim, um mecanismo informacional.

Com relação a isso, para Wiener (1993, p.24)

> o controle da máquina com base no seu desempenho efetivo em vez de no seu desempenho esperado é conhecido como realimentação e envolve membros sensórios que são acionados por membros motores e desempenham a função de detectores ou monitores, isto é, de elementos que indicam um desempenho. A função desses mecanismos é a de controlar a tendência mecânica para a desorganização.

A tese de Wiener, nesse sentido, é de que o funcionamento físico do indivíduo vivo e o de algumas das máquinas de comunicação mais complexas têm paralelo no esforço de dominar a entropia, utilizando-se do processo de realimentação e elaboração orgânica. Em ambos os casos, há um instrumento especial para reunir informação externa tornando-a acessível em operações, tanto para o indivíduo quanto para a máquina.

Existem a realimentação simples e a resultante de uma aprendizagem. Caso o produto do processo de realimentação seja utilizado como dado numérico para a crítica e a regulagem do sistema, temos a *realimentação simples*. Caso a informação que remonta o desempenho seja capaz de mudar o método e o padrão geral do desempenho, temos um processo que podemos denominar *aprendizagem*, uma espécie de realimentação que afeta todo o método de comportamento do instrumento, conforme D'Azevedo (1972).

Fornece-nos exemplo interessante de realimentação, consequência de aprendizagem, a história de Teseu e o Minotauro no Labirinto, inserida na obra de Idatte (1972). O herói da lenda grega, Teseu, deve procurar o Minotauro, um monstro com cabeça de touro e corpo de homem, no Labirinto, um palácio repleto de salas e corredores que se entrecruzam de forma a impedir a saída de quem nele entrar. O monstro Minotauro encontra-se encerrado no Labirinto e Teseu impôs-se a missão de ali penetrar, a fim de liquidar o animal. O Labirinto era de tal modo complicado que, sem auxílio, Teseu ali se perderia e não escaparia da morte.

Preocupada com o destino de seu amado Teseu, Ariadne vai até Dédalo, o engenheiro construtor do Labirinto, que ensina a ela uma estratégia para entrar e escapar com segurança do terrível local. O truque está em prender a ponta de um novelo na entrada e desenrolar a linha à medida que se faz a caminhada. Para sair, faz-se às avessas, enrola-se a linha no novelo. Instruído com as regras de ação (ou algoritmo) para resolver seu dilema, Teseu torna-se herói da aventura.

A artimanha do novelo poderia ser dispensável em pelo menos duas situações: o prisioneiro ter extraordinária propensão para assimilar experiências e capacidade mnemônica fantástica. Ao que parece, Teseu não é um superdotado e possui apenas uma coragem lendária. A astúcia que propicia a saída do herói do Labirinto mostra que aquilo que se julga próprio e exclusivo do homem, aprender reunindo ou incorporando informação, pôde ser substituído, no caso, por um simples carretel de linha.

Ao analisarmos a lenda desse modo, declaramos ser viável criar similares que apresentem comportamentos como se usufruíssem das virtudes referentes ao aprendizado e à capacidade de assimilar experiências, com uma aparente vantagem sobre o modelo criado para o qual se podem dar uma ordem e uma medida exatas e ainda investigar os movimentos pertinentes a tais processos e depois, se necessário, abandoná-lo. Uma criação desse tipo, uma máquina com memória, por exemplo, deve ser capaz de reter e de dispor das informações nela introduzidas.

Os ciberneticistas, não com rara frequência, constroem protótipos de animais a fim de pôr em prática seus experimentos: as tartarugas de Grey Walter que dispõem de luz própria e exibem complicadas formas de comportamento social; o cachorro que reage ao alimento, representado pela luz, criado no Instituto Eletrônico de Leningrado; o esquilo especializado na execução de um trabalho determinado, autoria conjunta de Edmundo Berkeley e dois dos seus alunos. Mas é o rato idealizado por Claude Shannon que possui as faculdades mais espantosas, assegura Kondratov (1976).

Com base na lenda narrada, Shannon denomina sua criação, o rato, Teseu cibernético. O animal consiste de um punhado de aço metálico com o comprimento de alguns centímetros, acrescido de cauda, bigode e desenho de olhos. Move-se sobre rodízios e, graças a sua memória, um esquema de *relais*, orienta-se no labirinto, construído para ele, esforçando-se para alcançar a recompensa,

INFORMAÇÃO E CONTROLE BIBLIOGRÁFICO

um bocado de toucinho, representada por um eletrodo que, ao ser tocado, fecha o circuito e obriga o rato a cessar sua peregrinação (Kondratov, 1976).

O rato cibernético *conhece* o sim e o não, a presença ou a ausência da passagem. Cada erro de percurso fornece a ele uma informação que, somada aos conhecimentos anteriormente adquiridos, se transforma em resposta às influências do mundo exterior, com base no princípio da retroação ou *feedback*.

Um dos procedimentos cibernéticos mais eficientes, assegura Wiener (1961), é a permanente comparação e simulação das estruturas vivas com mecanismos construídos pelo homem. Comparar estruturas humanas e animais a elementos e mecanismos exteriores é próprio do homem, desde há muito. O braço do homem, desde Arquimedes, assemelha-se a uma alavanca; o coração humano, a uma bomba; os olhos, a uma câmara fotográfica. A comparação de estruturas mais complexas, como a memória, é mais recente.

À cibernética interessa o modo como se comportam os organismos e as máquinas, dos mais simples aos mais complexos. A compreensão de um fenômeno para a cibernética resulta da análise do conjunto de fatos que se encontra presumivelmente ligado ao fenômeno e não da identificação de uma causa e de um efeito.

O problema da caixa-preta ilustra com propriedade esse modo de a cibernética questionar a realidade. Os técnicos da aviação, quando se defrontam com uma caixa-preta, não se empenham em determinar imediatamente o que há dentro dela, esclarece Idatte (1972, p.5), mas em situá-la em relação a um conjunto de sistemas do qual é parte. Tratam de definir as conexões e relações da caixa-preta com o sistema maior, a fim de compreender como funciona o conjunto por inteiro. Os sistemas cibernéticos, a começar pelos sistemas mais primitivos, funcionam da mesma maneira. É desse mesmo modo que nós, humanos, funcionamos, porque também somos sistemas cibernéticos, portadores de numerosas caixas-pretas.

Nas palavras de Ashby (1970, p.129): "A teoria da caixa-preta é o simples estudo das relações entre o experimentador e o seu ambiente, quando se dá uma atenção especial ao fluxo de informação". Presenciamos o fenômeno quando existe uma atenção estrita ao problema que relaciona objeto e observador; quando existe uma busca a respeito de qual informação provém do objeto e de que modo essa informação é obtida.

A cibernética trata os sistemas indagando a respeito dos possíveis comportamentos que cada um deles pode produzir ou não sobre sua ação individual. Essas virtudes científicas da cibernética oferecem, de acordo com Ashby (1970):

a) um vocabulário singular e um conjunto singular de conceitos que, adequados à representação dos mais diversos tipos de sistema, possibilitam revelar paralelismos entre máquina, cérebro e sociedade. A correspondência entre cromossomo e hereditariedade é uma ilustração. Nenhum deles pode fornecer provas acerca das leis do outro, mas um pode propiciar sugestões que sejam de grande valia para o outro;

b) um método para tratamento científico do sistema no qual a complexidade é saliente e demasiado importante para ser ignorada. Até o início do século XX, os cientistas investigam sistemas que permitem a variação de apenas um fator de cada vez ou sistemas capazes de serem analisados em componentes simples. Os experimentos de Ronald Fisher, feitos em solos agrícolas, reconhecem a existência de sistemas complexos que não permitem variar os fatores um de cada vez. São sistemas dinâmicos e interligados nos quais a alteração de um fator imediatamente atua como causa para suscitar alterações em outros. Acrescentamos que algo semelhante ocorre com o Sistema de CB que igualmente comporta-se como um sistema dinâmico.

Ao comparar o organismo vivo à máquina, Wiener (1993) registra que tanto o organismo quanto a máquina podem exemplificar processos que parecem resistir local e temporariamente à tendência geral para o aumento da entropia. Nos autômatos simuladores de vida, existem características gerais que precisam ser acentuadas:

- realizar tarefas específicas e, portanto, possuir *órgãos motores*, análogos aos braços e pernas dos seres humanos;
- estar em sintonia com o mundo exterior por meio de *órgãos sensoriais,* cuja incumbência é indicar as circunstâncias existentes e registrar o desempenho ou não das tarefas designadas.

INFORMAÇÃO E CONTROLE BIBLIOGRÁFICO 129

Denomina-se essa função, conforme vimos, realimentação, ou seja, "a capacidade de poder ajustar a conduta futura em função do desempenho pretérito" (Wiener, 1993, p.33);

- possuir *órgãos decisórios centrais* para determinar as etapas subsequentes com base na informação retransmitida e armazenada por meios análogos aos da memória de um organismo vivo.

O sistema nervoso e a máquina automática são aparelhos que tomam decisões com base em decisões passadas. A máquina automática, desde a mais simples, tem que resolver entre ligar ou desligar, e o nervo decide entre conduzir ou não um simples impulso. Ambos, máquina e nervo, têm um dispositivo específico para fazer que as resoluções futuras dependam das resoluções passadas. No sistema nervoso, afirma Wiener (1993, p.34),

boa parte dessa tarefa é realizada naqueles pontos extremamente complicados, denominados "sinapses", nos quais numerosas fibras nervosas aferentes se ligam a uma única fibra nervosa eferente. Em muitos casos, é possível definir a base dessas decisões como o limiar de ação da sinapse, ou, em outras palavras, dizer quantas fibras aferentes devem deflagrar para que as fibras eferentes possam deflagrar. Este é o fundamento, pelo menos em parte, da analogia entre máquinas e organismos vivos. A sinapse, no organismo vivo, corresponde ao dispositivo comutador da máquina.

A concepção do sistema nervoso, tanto para Idatte (1972) quanto para Wiener (1993), corresponde à teoria da máquina digital que, como vimos no capítulo anterior, apresenta vantagem se comparada à máquina analógica no que se refere à solução de problemas de comunicação e controle. A maior parte dos trabalhos realizados com simuladores mecânicos do cérebro utiliza máquinas de base digital.

A cibernética, que agora chega aos cinquenta anos, pode ostentar seu crescimento, que é considerável, mas não pode prever as máquinas cibernéticas do futuro. O autor soviético Igor Poletaev, que escreveu *Le signal*, livro consagrado à cibernética, poeticamente exprime este pensamento:

Se se tivesse perguntado ao homem das cavernas, polindo machados de pedra, que instrumentos seriam utilizados no futuro, é muito duvidoso que o mestre, o mais habilidoso no fabrico desses machados, pudesse evocar o martelo a vapor, a prensa hidráulica e os outros instrumentos e máquinas da nossa época. A culpa não é dele. Ele não dispunha de *informação* suficiente para conhecer uma extrapolação tão longínqua. (Kondratov, 1976, p.163 – grifo nosso)

Caso sejamos indagados acerca do controle bibliográfico do futuro, é possível que não saibamos responder melhor que o homem das cavernas...

CIBERNÉTICA DO CONTROLE BIBLIOGRÁFICO

A importância da obra de Wellisch (1980) para a elaboração deste estudo encontra-se no núcleo do trabalho que focaliza a aplicação das leis da cibernética aos sistemas de CB. O emprego eficaz das novas tecnologias de automação disponíveis para o controle bibliográfico descritivo é evidenciado, ao passo que o controle bibliográfico exploratório, por não depender unicamente do avanço tecnológico mas também das linguagens documentárias, que são falíveis, continua limitado.

As leis fundamentais da cibernética, a da regulação e a do controle, podem ser aplicadas de forma útil aos fenômenos estudados pelo controle bibliográfico, visto que tais leis existem onde quer que um sistema com seu comportamento observável possa ser percebido. Quando essas leis são aplicadas à recuperação de documentos, elas denunciam as restrições das rotinas de controle exercidas pelo sistema e, por extensão, a inexiquibilidade do controle bibliográfico pleno.

Apenas as funções descritivas das características formais e físicas de um documento, como a transcrição dos dados da obra e o arranjo sequencial alfabético e/ou numérico, podem ser governadas por regras aplicáveis de maneira genérica. A função de recuperação orientada para o conteúdo, por basear-se em julgamentos subjetivos de relevância, por parte dos indexadores que tratam o documento e dos usuários que utilizam o sistema final, é ainda parcialmente controlada. Assim, obter o controle bibliográfico daquela função torna-se possível, mesmo que teoricamente, em razão de uma melhor compreensão da natureza dos elementos descritivos dos documentos, aliada aos rápidos progressos da tecnologia e à crescente cooperação internacional.

Alguns proponentes de métodos de recuperação da informação insinuavam ingenuamente que a solução para ambas as facetas do sistema de controle bibliográfico encontrava-se finalmente disponível: o computador. Wellisch (1980, p.43) expõe um desses propósitos:

> A coleta, armazenagem, impressão, arranjo e reordenação das entradas bibliográficas, de acordo com qualquer critério desejado, seriam realizados, com grande velocidade e com uma precisão infalível, pelos computadores, enquanto os indexadores e resumidores humanos seriam suplantados por técnicas de indexação e resumos automáticos, os quais, com precisão igualmente infalível, haveriam de conseguir um controle exploratório total dos documentos.

Acreditava-se que o controle bibliográfico por inteiro não se consumava simplesmente porque a tecnologia disponível estava obsoleta. O crescimento da capacidade de acumulação de dados legíveis por computador já é uma realidade ao lado de linguagens documentárias nos variados campos do saber, e, no entanto, o controle bibliográfico não se consumou.

Com a finalidade de entender como funciona a análise cibernética em um sistema de CB, procuraremos tratar da regulação e do controle valendo-nos primeiramente de um modelo de sistema, representado pela Figura 2:

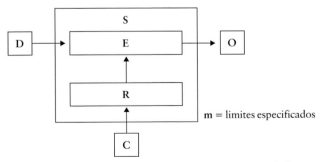

FIGURA 2 – Diagrama dos efeitos imediatos em um sistema regulado.
Fonte: Wellisch (1980).

O sistema dinâmico aberto em um ambiente E possui uma saída O, mantida dentro dos limites especificados m; uma entrada D que potencialmente perturba o estado viável O por meio de novas e inesperadas variedades ou ocorrências (maneiras com as quais D pode afetar O); um dispositivo de controle C e um regulador R acoplado a E, que mantém a saída O dentro dos limites m, e que forma um subsistema S, cuja finalidade é controlar o fluxo de variedade entre D e O.

A variedade ou ocorrência é uma lei fundamental da cibernética, conhecida como lei da variedade requerida, que é básica na teoria geral da regulação e expressa que: "Apenas a variedade em R pode forçar a baixa da variedade devida a D; somente a variedade pode destruir a variedade" (Ashby, 1970, p.244). Essa lei estabelece uma relação entre a variedade das perturbações, a das respostas e a dos estados aceitáveis. Nas palavras de Atlan (1992, p.39): "A variedade das respostas disponíveis deve ser tão maior quanto maior for a das perturbações e quanto menor for a dos estados aceitáveis". Consideremos o sistema abaixo, constituído de partes em comunicação, e compreenderemos esse enunciado:

E refere-se ao conjunto das variáveis essenciais;
D à fonte de perturbação e perigos;
F à parte interpolada, formada para a proteção de E (quanto melhor o regulador F, maior a possibilidade de sobrevivência do sistema).

Uma função do regulador F é bloquear a transmissão de variedade do distúrbio D para a variável essencial E. Essa função implica também bloquear o fluxo de informação. Tomemos como exemplo um condicionador de ar: se o aparelho for bom de fato, o sujeito que se encontra no ambiente protegido não terá condição de dizer como está o tempo fora dele. Nesse caso, a regulação é tomada como algo conhecido.

Vejamos, na sequência, o processo de regulação em si mesmo, com o objetivo de descobrir o que ele envolve e implica. Supondo-se

INFORMAÇÃO E CONTROLE BIBLIOGRÁFICO

estar observando dois jogadores, **R** e **D**, que se utilizam da Tabela 1 para compor seus lances, a letra especificada pela interseção da linha e da coluna acusa o resultado.

		R		
		α	β	δ
	1	b	a	c
D	2	a	c	b
	3	c	b	a

Tabela 1: Ashby (1970, p. 239).

R deve marcar um **a**, por exemplo;
D joga em primeiro lugar escolhendo um número;
R, conhecendo o número, escolhe uma letra grega.

(A posição de R nesta situação é favorável, possui controle completo do resultado.)

O jogo continua com os mesmos jogadores, as mesmas regras. Apenas a tabela é outra, a 2:

		R			
		α	β	γ	δ
	1	b	d	a	a
D	2	a	d	a	d
	3	d	a	a	a
	4	d	b	a	b
	5	d	a	b	d

Tabela 2: Ashby (1970, p.240).

Se o alvo for **b**, nem sempre **R** pode ganhar. Se **D** escolhe o número **3**, não há movimento para **R** cujo resultado seja **b** (diferentes arranjos dentro da tabela e diferentes números de estados disponíveis para **D** e **R** podem originar uma variedade).

Consideremos a Tabela 3, nesta outra etapa do jogo, na qual nenhuma coluna contém resultado repetido:

		R		
		α	β	γ
	1	f	f	K
D	2	k	e	F
	3	m	k	a
	4	b	b	b
	5	c	q	c
	6	h	h	m
	7	j	d	d
	8	a	p	J
	9	l	n	H

Tabela 3: Ashby (1970, p.241).

Para manter a variedade reduzida a um ou mesmo para manter a mínima variedade possível, deve R, a cada linha, mudar para uma nova coluna.

De modo geral, assinala Ashby (1970, p.243): "Se não há dois elementos iguais na mesma coluna e se um conjunto de resultados for escolhido por R, um de cada linha, e se a tabela tiver l linhas e c colunas, então a variedade no conjunto escolhido de resultados não poderá ser menor do que l / c ".

Examinemos a partida de um ponto de vista ligeiramente diferente. Se a jogada de R for invariável, seja qual for o movimento de D, a variedade nos resultados será tão grande quanto a variedade nas jogadas de D. Se na sequência duas jogadas forem admitidas para R, a variedade dos resultados poderá ser reduzida à metade. Se R utiliza três jogadas, a redução poderá chegar a 1/3, e assim por diante. Desse modo, apenas a variedade nos lances de R pode forçar a baixa na variedade dos resultados.

Voltando nossa atenção para a Tabela 1, na qual R tem chance de forçar o resultado pretendido, podemos analisar a situação de outra maneira. O controlador C é quem decide qual resultado será o alvo e R deve obedecer a ele. As decisões de C afetam a escolha de R. Assim, o diagrama dos efeitos imediatos (Ashby, 1970, p.251) possui duas entradas independentes e é representado do modo como segue:

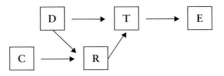

Se **R** for um regulador perfeito, proporcionará a **C** controle completo sobre a saída, apesar da entrada de efeitos perturbadores em **D**. A perfeita *regulação* do resultado por **R** possibilita o completo *controle* sobre o resultado por **C**.

O teorema relativo à lei da variedade requerida assume uma forma mais simples, asseguram Ashby (1970) e Wellisch (1980), caso as variedades sejam medidas logaritmicamente, e as condições sejam as mesmas: V_O é a variedade em O; V_D a variedade na perturbação D; e V_R a variedade no regulador R. Assim, o mínimo de V_D é V_{D-R}. V_{D-R} pode ser diminuído apenas por um aumento correspondente de V_R. A variedade nos resultados, se for mínima, pode ser diminuída apenas por um aumento correspondente na variedade de **R**. O valor mínimo de V_O, seja 1 (ou zero, se medido logaritmicamente), pode ser conseguido apenas quando a variedade em **R** for igual à variedade em **D**.

A lei da variedade requerida afirma também que a capacidade de **R** como um regulador não pode exceder a capacidade de **R** como canal de comunicação. De acordo com Ashby (1970), essa lei pode ser relacionada com um dos teoremas de Shannon, aquele concernente à teoria da transmissão de sinais, no qual a quantidade de ruído (distúrbio **D**) passível de ser removida por uma correção de canal (regulador **R**) é limitada pela quantidade de informação passível de ser transportada pelo referido canal. Assim, o uso de um regulador para alcançar a homeostase (equilíbrio) e o de um canal de correção para suprimir ruído são homólogos.

No tratamento dado à regulação, a ênfase recai sobre suas propriedades de reduzir a variedade no resultado. O limite da redução é dado pela regulação, que mantém o resultado constante.

A REGULAÇÃO E O CONTROLE NO SISTEMA DE CONTROLE BIBLIOGRÁFICO

Recuperar documentos por meio de características específicas, como autoria, título e assunto, é o objetivo principal de qualquer Sistema de Controle Bibliográfico. A maneira mais eficiente hoje de se obter esse resultado consiste na produção de *substitutos dos documentos* (Wellisch, 1980) que contenham elementos que individualizem a obra. Tal procedimento, além de possibilitar acesso a um número grande de material em tempo reduzido, torna o Sistema de CB independente do documento real. Nesse caso, o sistema precisa do documento em si apenas enquanto os dados que o particularizam estiverem sendo coletados. O registro correto dos elementos, em uma primeira vez, além de impedir a duplicação desnecessária de trabalho, possibilita uma identificação precisa da obra e uma recuperação inequívoca da mesma.

O funcionamento do Sistema de CB será por nós examinado em duas etapas: a primeira delas, projetada para realizar o controle descritivo e formal das obras inseridas no sistema (acesso físico). Observemos a Figura 3:

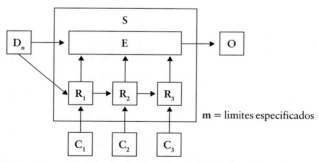

FIGURA 3 – Controle e regulação das características descritivas de um Sistema de CB.
Fonte: Wellisch (1980).

Para que a saída **O** se encontre em um estado viável, nos limites estabelecidos **m**, precisa equipar-se de uma lista ordenada de

INFORMAÇÃO E CONTROLE BIBLIOGRÁFICO

substitutos dos documentos que satisfaça as condições estabelecidas na sequência:

- Identificação de cada documento de maneira única, utilizando as regras:

a) código de catalogação descritiva, sendo hoje internacionalmente aceito o AACR-2. O código de catalogação é capaz de tratar de uma variedade potencialmente infinita de peculiaridades dos documentos (nomes de autores, títulos de documentos etc.) empregando um número pequeno de regras. Essa competência é conferida a ele porque não trata de nomes e títulos individuais, mas de grandes classes de tais particularidades. O código de catalogação baseia-se em um conjunto de regras básicas, com as necessárias variações para casos específicos, cuja aplicação realça a força de um código como *regulador no sentido cibernético*. Aplicando a lei da variedade requerida, há uma *variedade* de regras suficiente para possibilitar à R_1 arcar com uma diversidade de novos documentos que venha a ser inserida no sistema. A variedade em D_n pode ser superada pela variedade em R_1 (rotina de controle C_1).

b) regras ortográficas da língua na qual o texto está escrito. Os itens que interessam a essa operação encontram-se no próprio documento. A folha de rosto, por exemplo, quando o texto referir-se a um livro. As características de identificação devem ser copiadas como encontradas no original. Em caso de erro gramatical ou de impressão, a correção terá espaço em ficha remissiva. Não sobrevirá alteração perceptível nesta rotina de controle, salvo quando a inserção de um novo documento em D_n for escrito em caracteres não contemplados pelo sistema. O alfabeto ideográfico em um sistema estabelecido por caracteres latinos é uma ilustração. Nesse caso, D_n constituirá uma perturbação para o sistema enquanto as rotinas adicionais de controle, como a conversão de caracteres, não forem devidamente aplicadas (rotina de controle C_2).

c) regras de arquivamento e ordenação do sistema. O mecanismo pertinente a essa rotina consiste na ordem padronizada do alfabeto utilizado com acréscimos de ordem numérica, quando necessário. Cada item recuperável deve ocupar uma única posição e, por conseguinte, previsível (rotina de controle C_3).

Preenchidas as condições a, b e c, cada documento estará representado no sistema por um ou mais substitutos de documentos e a cada um deles será atribuído um único lugar na ordenação estabelecida. Enquanto não houver inserção de nova obra no sistema, este manter-se-á em um estado de equilíbrio ou homeostase. A inclusão de um novo texto acionará as rotinas de controle C_1, C_2 e C_3. A identificação do tipo de documento (livro, artigo de periódico, tese, patente) é a primeira operação a ser realizada, uma vez que cada um deles recebe tratamento próprio. Um livro é reconhecido pelo autor, título, edição, local de publicação, editora, data de impressão, ao passo que a identificação de um artigo de revista dá-se pelo título da publicação, instituição responsável pelo conteúdo, título do artigo, volume, fascículo, ano de publicação.

Os reguladores R_1, R_2 e R_3, nesse caso, são eficientes na redução da variedade potencialmente ameaçadora na entrada D_n, visto que a variedade constante nos reguladores pode igualar e/ou superar aquela representada por qualquer dos novos documentos. A variedade proveniente dos documentos introduzidos em D_n é reduzida a um nível aceitável quando suas características são tratadas de modo a se adequarem a um modelo prescrito com rigor (código de catalogação) e quando as regras gramaticais, ortográficas, de arquivamento e ordenação do sistema são obedecidas com precisão. Isso posto, a saída **O** permanece nos limites prescritos **m**, ou seja, um arranjo ordenado e previsível de substitutos de documentos.

As etapas a, b e c, cuidadosamente tratadas, possibilitam a consecução da meta principal do Sistema de CB, que é a recuperação de documentos, de acordo com as características formais de identificação previamente especificadas.

A outra etapa do Sistema de CB é desenhada para fornecer acesso controlado sobre a temática desenvolvida em cada um dos textos que constituirá o sistema. Para efetivar esse alvo, o sistema carece da inclusão de um mecanismo de controle além dos três existentes, a rotina de controle C_4, uma linguagem documentária com suas regras específicas. Trata-se de uma linguagem artificial derivada de uma linguagem natural, como vimos no Capítulo 3.

O documento (parte do sistema) é submetido a uma equipe de indexadores que efetua a análise documentária e identifica as

INFORMAÇÃO E CONTROLE BIBLIOGRÁFICO

palavras-chave, as quais, depois de ajustadas à linguagem documentária adotada, têm a incumbência de representar o texto junto ao sistema. O conhecimento registrado na literatura sofre um processo de representação, transformando-se em *metalinguagem*. "O que vai ser armazenado nas grandes bases de dados é uma metáfora da informação original, é o conhecimento virtual, que só existe em função do seu referente, da sua vinculação remota com algum conhecimento real", registra Sayão (1996, p.315).

A representação do conteúdo temático por uma ou mais palavras-chave, por mais bem preparado que seja o indexador, reduz o texto à compreensão de uma única leitura do texto, entre tantas leituras possíveis. Na sequência, a indicação do assunto é acomodada à linguagem documentária usada pelo sistema e transportada para o substituto do documento. Cada documento será contemplado com o número de substituto de documentos equivalente ao de palavra-chave a ele designada. A organização desse material obedece à ordenação gerada pelas rotinas de controle C_1, C_2 e C_3, nas quais cada substituto de documento, depois de ordenado, torna-se tecnicamente recuperável como item físico.

Do ponto de vista do controle cibernético, a quantidade de variedade introduzida no sistema com a inserção de cada novo documento em D_n é numerosa, sem computar as combinações possíveis de tais expressões quando da formulação da estratégia de busca pelo usuário (aplicação dos operadores booleanos *e*, *ou*, *não*), na saída O. A lei da variedade requerida, como vimos há pouco, preceitua que, quando a variedade ameaçadora na entrada D_n é excessivamente grande e complexa, nenhum controle pode dominá-la. Isso equivale a dizer que a quantidade de controle exercida pelo sistema é limitada.

A experiência de registro e recuperação da informação--potencial nos é novamente oportuna. As variáveis advindas da determinação de assunto dos documentos, por exemplo, podem ser controladas apenas em parte. Diante disso, o investigador é incitado a decidir quais variáveis priorizar. As restrições impostas pelos reguladores não diferem daquelas introduzidas em estatística por Ronald Fisher, quando ele prova que há um máximo na extração de informação de um dado e que o dever do profissional é simplesmente aproximar-se desse máximo.

Similarmente, pensava-se, antes do trabalho de Shannon, que todo canal, com um pouco mais de perícia, poderia sofrer mudança a fim de transportar um pouco mais de informação. Shannon mostrou que o dever do engenheito é acercar-se razoavelmente do máximo, pois além, pessoa alguma pode ir. A lei da variedade requerida impõe uma estratégia semelhante ao suposto regulador e controlador: incumbe-lhe tentar aproximar-se de seu máximo – além do qual não lhe é dado ir. (Ashby, 1970, p.288)

O controlador depende, então, da capacidade do regulador e pode apenas *aproximar-se* de um ponto máximo. No Sistema de CB, a capacidade da rotina de controle C_4, a chamada linguagem documentária, é sempre inferior à variedade de entrada D_n, representada pela linguagem natural; e a recuperação de documentos (uma resposta à pergunta formulada pelo usuário) é quase sempre um procedimento de tentativa-e-erro. Segue-se que o regulador R_4 é controlado por erro, por uma quantidade de variedade que é transmitida de D_n para O, conforme mostra a Figura 4:

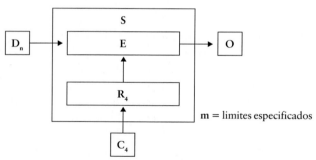

FIGURA 4 – Controle e regulação das características temáticas de um Sistema de CB. Fonte: Wellisch (1980).

Um regulador controlado por erro, conforme Ashby (1970), é o que não reage diretamente ao distúrbio original D_n. Uma propriedade fundamental desse regulador é que ele não pode ser perfeito no sentido mostrado pela Tabela 1, deste capítulo. "Quanto mais bem-sucedido for **R** em manter E constante, mais **R** bloqueia o canal por onde está recebendo a sua informação necessária. Evidentemente, qualquer êxito de R pode, no melhor dos casos, ser parcial", explicita Ashby (1970, p.263).

A variedade em R, no caso do regulador controlado por erro, não pode ser igual ou maior que a variedade da entrada D_n porque depende da saída O para receber informação concernente à ameaçadora variedade em D_n. Esse tipo de regulação, que permite a ocorrência de pequenos erros com a finalidade de viabilizar o sistema caso ocorram erros grandes e potencialmente fatais, é encontrada nos mecanismos de realimentação biológica (Ashby, 1970) e também em um Sistema de CB (Wellisch, 1980).

Vejamos como seria o funcionamento de um regulador controlado por erro caso ele fosse perfeito (o que não é possível): o regulador R_4 manteria a saída O constante. Como resultado desse procedimento, nenhuma informação realimentaria R e, então, ocorreria o bloqueio do canal de comunicação

A relevância é outro fenômeno que influencia o sistema desempenhando duplo papel: na entrada D_n, com o trabalho do indexador, diante da imensa variedade decorrente da linguagem humana e na saída O, ante as indagações do usuário, ao conduzir o procedimento de tentativa-e-erro (Swanson, 1977) na recuperação dos documentos. Na opinião de Swanson (1977), aquele que usa o sistema julga a relevância, pelo menos, de duas maneiras:

- documento relevante é o que satisfaz todos os termos incluídos no título que designa a pesquisa;
- para que o documento seja relevante, basta que se relacione marginalmente com a pesquisa.

A grande variedade resultante do estudo exploratório é muito superior à variedade produzida pelo controle descritivo e formal da obra. Neste último caso, mesmo sendo numerosa a ocorrência de nomes próprios (autoria dos trabalhos), eles pertencem à classe de palavras tida como *nomes pessoais*, que pode ser subdividida entre os que seguem a regra nome-sobrenome, sobrenome ligado por hífen, indicação de parentesco, composto de um adjetivo mais substantivo, nome seguido de um título, entidade coletiva, entre outras regras. Ocorrência semelhante sobrevém dos títulos que, para fins descritivos, se classificam simplesmente como *títulos*. Tanto o nome dos autores quanto o título dos documentos podem ser controlados por um restrito número de regras básicas. Identificados como *nomes pessoais* ou *títulos,* ocupam espaços inequivocamente recuperáveis em um repertório de dados bibliográficos, desde que preenchidas as condições estabelecidas pelas rotinas de controle 2 e 3 do nosso modelo.

> A aparente grande variedade de nomes individuais e, mais ainda a de títulos, longe de ser um obstáculo ao processo de controle, é, na verdade, um elemento indispensável de controle efetivo. Uma vez que a localização precisa de um documento num acervo depende da união exata dos dados do pedido [do usuário] e das características registradas de recuperação do documento. (Wellisch, 1980, p.44)

Podemos dizer, então, que existe no tratamento descritivo e formal uma recuperação de documentos próxima dos 100%, ou seja, sem erro? Teoricamente, sim. A prática, porém, denuncia os erros. Detectamos um deles há poucos dias. Tínhamos em mãos um exemplar da obra *Introdução à cibernética*, de Kondratov, publicada em Portugal. Por uma falha na editoração, houve duplicidade de um número de páginas, em detrimento de outras. Justamente aquelas de que mais precisávamos deixaram de ser impressas. Com o objetivo de recuperar as páginas em falta, consultamos as bases de dados disponíveis, sem êxito. Decidimos então enviar um pedido por escrito a uma das bibliotecas em cujo acervo havia textos de Kondratov. Para nossa surpresa, recebemos as cópias desejadas, *não* da obra *Introdução à cibernética*, *mas* da obra *ABC da cibernética*. Plágio? Não. Outra falha do sistema. A editora brasileira responsável pela publicação do material, por motivos não registrados, alterou o título do livro. A inserção no sistema desse novo título, que desobedeceu ao modelo prescrito pelo sistema, ocasionou uma perturbação para as rotinas de controle C_1, C_2 e C_3, para os reguladores R_1, R_2 e R_3, bem como para a saída O, que não dispunha, em sua lista ordenada de substitutos de documentos, da indicação da referida obra em ficha remissiva.

INFORMAÇÃO E CONTROLE BIBLIOGRÁFICO 143

E quanto à recuperação temática dos documentos? Mostra-se aquém das expectativas. As diferentes leituras possíveis de um mesmo texto aliadas aos diversos modos de abordagem de um assunto, além dos inconvenientes da sinonímia, homonímia, dos homógrafos, dos usos do mesmo vocábulo com significados distintos em disciplinas distintas entre outros não menos importantes como a tradução, de uma língua para outra e da própria língua (português de Portugal para português do Brasil) e ainda a adequação das palavras-chave do texto à linguagem documentária empregada pelo sistema, constituem a perturbadora variedade na entrada D_n de um Sistema de CB.

Não apenas na entrada D_n, mas também na saída O, na qual o resultado desse processo – a lista ordenada de substitutos dos documentos – é confrontado com o que o usuário final do sistema considera relevante para sua investigação. A sequência de ideias construída na mente do pesquisador a partir de uma problemática pode não ser a mesma que pautou a mente do indexador quando examinou os documentos relativos à questão. Nesse caso, o que gera a perturbadora variedade de entrada D_n não é a quantidade de documento (a grandeza em si não é a fonte, diz Ashby, 1970) e sim a ilimitada variedade de assunto e os modos de interpretá-lo.

Diante do exposto, vemos que as leis da cibernética, em especial a da regulação e a do controle, apontam para a *possibilidade*, ainda que teoricamente, de obtenção plena do controle bibliográfico descritivo, no qual os substitutos dos documentos podem receber controle rígido, governado por regras aceitas internacionalmente, e para a *impossibilidade* da execução completa do controle bibliográfico por assunto, uma vez que esse depende da adequação da linguagem natural (criativa e repleta de significado) à linguagem documentária (artificial e redutora de significado).

A busca dessa perfeição absoluta não é diferente da que levou muitas mentes penetrantes, no passado, a pensar que um *perpetuum mobile* poderia ser construído, até que a descoberta da segunda lei da termodinâmica mostrou que uma máquina de moto-contínuo não é possível em princípio. As leis da cibernética esclarecem que o controle bibliográfico exploratório absoluto num Sistema de CB é igualmente impossível de ser conseguido. (Wellisch, 1980, p.46)

CONSIDERAÇÕES FINAIS

"A dúvida, pois, só existe uma questão,
uma questão apenas onde existe uma resposta,
e esta somente onde algo pode ser dito."

(Wittgenstein, 1961)

Focalizar a aplicação das leis da cibernética, em especial as da regulação e do controle, ao Sistema de Controle Bibliográfico, valendo-se da informação nele registrada e também da informação recuperada por meio dele, foi a temática que instigou a elaboração desta obra.

A reflexão realizada permitiu evidenciar não apenas os consideráveis avanços que os sistemas de controle bibliográfico já proporcionam – e que nem sempre são conhecidos e utilizados por grande parte dos usuários – em uma relação mais ativa entre documento e informação (movimento característico dos sistemas complexos), mas também o fato de que a demanda dos usuários, em constante evolução, supera em muito a dinâmica que o sistema hoje apresenta.

Uma visão panorâmica do controle bibliográfico, com ênfase na evolução das bibliografias e dos catálogos, tornou-se necessária por considerarmos que cada catálogo e cada bibliografia dispõem de potencial para contribuir com a implantação do Sistema de Controle Bibliográfico, tanto em âmbito nacional quanto universal.

Nesse sentido, cabe registrar o pioneirismo de Egan & Shera ao introduzirem na literatura biblioteconômica o conceito e a meta operacional de *controle bibliográfico*, revelando a noção de controle ligada ao uso efetivo de máquinas, tendo em vista um fim desejado. Parece não ser mera coincidência a proximidade da editoração do texto de Egan & Shera, em 1949, com a impressão da obra *Cybernetics*, em 1948, quando Norbert Wiener estabelece os fundamentos da ciência do controle e comunicação no animal e na máquina ou o estudo da regulação e controle dos sistemas.

A novidade da publicação *The Cybernetics of Bibliographic Control: Toward a Theory of Document Retrieval Systems*, de Wellisch (1980), sugeriu-nos a busca de informações sobre as relações entre cibernética e Sistema de Controle Bibliográfico, respaldada pelas ideias de Ashby (1970) sobre cibernética, e em particular sobre a lei da variedade requerida. Transposta para o campo do controle bibliográfico, ela nos permite verificar a eficácia ou não das rotinas de controle. No caso do controle bibliográfico por assunto, confirma a discrepância entre a avassaladora variedade na entrada do sistema e a limitada variedade tolerada pelas rotinas de controle e de regulação internas do sistema.

A fim de contextualizar a *informação* registrada e recuperada por meio do Sistema de Controle Bibliográfico, foi de fundamental importância a consideração do conceito de informação na linguagem comum e na linguagem científica, passando pelo uso que dele fazem os bibliotecários, arquivistas e documentalistas. Esses profissionais frequentemente associam a informação a três aspectos: a representação descritiva de documentos, o desenvolvimento da coleção e o acesso à informação. Esses aspectos, no entanto, não são a informação, mas constituem os facilitadores utilizados no tratamento dos documentos. A visão de equivalência entre informação e documento até se justifica quando essa informação é focalizada do ponto de vista quantitativo, ou da incerteza ou da probabilidade, conforme evidencia a Teoria Matemática da Informação, que permite uma abordagem técnica do conceito de informação, desvinculada de seu caráter humano, impregnado de significado.

Neste livro, enfatizamos o controle bibliográfico como sistema e sua evolução após o incremento do potencial tecnológico, evidenciando que a disponibilidade de estruturas mais eficazes de resgate de referências bibliográficas oferece uma vantagem estratégica para aproveitar racionalmente o conhecimento registrado, possibilitando a criação das chamadas bases de dados. No entanto, apenas as

INFORMAÇÃO E CONTROLE BIBLIOGRÁFICO

palavras-chave, identificadas pelo indexador e devidamente adequadas à linguagem documentária adotada pelo sistemas, é que podem ser transformadas pela máquina, mas não o texto na íntegra.

Cumpre-nos salientar, ainda, a inadequada e usual designação *sistema de recuperação da informação*, tendo em vista que as referências bibliográficas (com ou sem resumo), resgatadas por meio do Sistema de CB, são apenas registros de dados, mas não constituem informação por si mesmas. Uma nomenclatura que melhor representaria os sistemas que temos hoje seria *sistema de recuperação de referências bibliográficas* (com ou sem resumo), ou, ainda, *sistema de recuperação de documentos*, para aqueles sistemas cujas bases neles inseridas apresentem o texto na íntegra.

A quantidade de referências bibliográficas resgatada em uma busca no sistema muitas vezes excede as possibilidades do usuário de convertê-las em informação. Uma alternativa que parece minimizar esse problema encontra-se na melhor adequação das palavras-chave apresentadas pelos usuários do sistema àquelas arroladas no vocabulário por ele controlado.

O Sistema de Controle Bibliográfico foi examinado pela ótica da cibernética, em duas etapas: o controle descritivo e formal e o controle temático dos documentos. A análise do processo operacional do controle bibliográfico descritivo, governado por regras genéricas e de padrão internacional (código de catalogação, regras ortográficas e regras de arquivamento e de ordenação), mostrou a eficiência das rotinas de controle, bem como das rotinas dos reguladores na redução da variedade na entrada do sistema. Nesse caso, a variedade das rotinas de controle e dos reguladores pode igualar e/ou superar a variedade na entrada do sistema.

Ressaltamos que a outra etapa do Sistema de Controle Bibliográfico, projetada para fornecer acesso controlado por assunto, baseia-se em julgamentos subjetivos, como a adequação da linguagem usada em uma obra à linguagem adotada pelo Sistema de CB. Para alcançar o objetivo proposto, esse sistema inclui a linguagem documentária em uma nova rotina de controle. Essa ferramenta, com semântica e sintaxe próprias, possibilita a redução do texto a uma ou mais palavras-chave designadas a partir da compreensão de uma única leitura, a do indexador.

Dessa forma, tornou-se possível evidenciar que a cibernética aponta para a *possibilidade*, ainda que teórica, de obtenção plena do controle bibliográfico descritivo e a *impossibilidade* da execução completa do controle bibliográfico por assunto, visto que este depende da *perfeita* adequação da linguagem natural à linguagem documentária. A geração de novas linguagens, que apresentem maior afinidade com a linguagem natural e que se fundamentem em princípios epistemológicos, poderá colocar o Sistema de CB mais próximo de seu alvo, que é maximizar o uso dos documentos nele inseridos. O estudo detalhado da linguagem documentária, essencial para o aprimoramento do sistema, poderá ser objeto de um próximo trabalho.

Embora a análise documentária constitua item desenvolvido em disciplina do currículo do curso de biblioteconomia, o bibliotecário não é necessariamente o melhor indexador nem pode ser o único, uma vez que a tarefa de indexação exige o trabalho conjunto de vários profissionais com formações específicas distintas: técnica (de biblioteconomia e de computação), linguística, lexicográfica e epistemológica, além dos especialistas temáticos. Julgamos que a formação do bibliotecário deveria ser mais abrangente para permitir-lhe o diálogo com esses outros profissionais e perceber os limites de sua própria atuação.

Isso coloca em relevo não apenas a importância do papel desempenhado pelo indexador quando se trata do controle bibliográfico, mas também a importância da linguagem documentária que tem de ser mais aprimorada para minimizar os efeitos resultantes de características que lhe são próprias: a de ser uma linguagem artificial que reduz o significado dos textos.

Acrescente-se a isso o fato de que, via de regra, para o bibliotecário, o conceito de informação apresenta-se estreitamente vinculado ao conceito de documento, mesmo quando trabalha esse documento em um contexto bem definido, tanto em relação ao suporte que o acolhe quanto em relação à instituição que o abriga. Uma das hipóteses sobre a proximidade estabelecida por esse profissional, entre informação e documento, está fundada na falta de sustentação teórica sobre o que ele entende por informação.

Argumentamos também que o objetivo principal do Sistema de Controle Bibliográfico – elevar o uso da coleção de documentos – parece não ter sido ainda alcançado, pelo menos por dois motivos:

INFORMAÇÃO E CONTROLE BIBLIOGRÁFICO

a) o registro da literatura gerada nos países que dispõem de menos recursos tecnológicos é ainda inexpressivo em bases de dados internacionais (5%);

b) o produto oferecido pelo Sistema de CB (referências bibliográficas, com ou sem resumo) ainda não apresenta as características de relevância do ponto de vista do pesquisador.

O que se conseguiu foi empregar as modernas tecnologias, utilizando a cibernética, para armazenar, processar e transmitir registros, quantitativamente. Uma possível solução para agilizar o registro da produção bibliográfica em âmbito nacional, no item a, encontra-se na elaboração exaustiva, criteriosa e precisa de bibliografias em cada área do conhecimento. O meio de resolver o problema apresentado no item b pode estar na aplicação dos ensinamentos teóricos da realimentação, usando a *informação* gerada sobre o próprio sistema (literatura), a fim de adequar o produto do sistema às reais necessidades dos usuários.

Depreende-se daí a importância de investir em pesquisas científicas que possam apontar para a descoberta de outros mecanismos, tanto de registro quanto de recuperação da informação-potencial, que não operem necessariamente por meio de palavras-chave.

As tecnologias disponíveis e as que venham a ser descobertas precisam encontrar formas adequadas de difusão da literatura que considerem a necessidade de um trabalho inter e multidisciplinar também para a formação do usuário, viabilizando-lhe o acesso aos dados necessários para que ele próprio se assuma como sujeito do processo de construção do conhecimento.

Este trabalho foi apenas o início de um estudo teórico que analisa o conceito de informação em diferentes contextos, com ênfase no uso que dele fazem os bibliotecários e profissionais de áreas afins. Particularmente, os bibliotecários precisam buscar uma sustentação teórica sobre o conceito de informação para melhor lidar com o universo informacional, garantindo o acesso do usuário aos dados disponíveis no sistema. Essa busca é, sem dúvida, difícil, dadas as inúmeras interpretações que tal conceito apresenta. Conforme procuramos mostrar, contudo, delineamos um dos possíveis caminhos que podem ter continuidade, seja por nós seja por outros pesquisadores interessados no assunto.

REFERÊNCIAS BIBLIOGRÁFICAS
(de acordo com a NBR-6023, da ABNT, de agosto de 2002)

ABRAMSON, N. *Teoria de la información y codificación*. Madrid: Paraninfo, 1966.

AFANASIEV, V. G. Sistemas dinâmicos integrales; concepto de dirección. In: TEORIA general de sistemas y administracion publica. Costa Rica: Educa-Icap, 1977.

AMARAL, J. A. do. *Uma abordagem da teoria geral dos sistemas nos seus aspectos administrativos*. Rio de Janeiro: Conjunto Universitário Cândido Mendes, 1977.

AMARAL, S. A. do. Análise do consumidor brasileiro do setor de informação: aspectos culturais, sociais, psicológicos e políticos. *Perspectivas em Ciência da Informação*, v. 1, n. 2, p. 207-224, jul./dez. 1996.

ANDERLA, G. *A informação em 1985*. Rio de Janeiro: CNPq; IBICT, 1979.

ANDERSON, D. *Universal* bibliographic *control*. Pullach: Verlag Dokumentation, 1974.

_____. The role of the National Bibliographic Centre. *Library Trends*, v. 25, n. 3, p. 645-663, Jan. 1977.

_____. Listas de control de la descrición bibliográfica internacional normalizada de monografias. *Boletin de la UNESCO para las Bibliotecas*, v. 32, n. 3, p. 161-163, May/Jun. 1978.

ARAÚJO, A. P. de. Caos na teoria econômica. *Ciência Hoje*, v. 14, n. 80, p. 58, 1992.

ARAÚJO, V. M. R. H. de. Sistemas de informação: nova abordagem teórico--conceitual. *Ciência da Informação*, v. 24, n. 1, p. 54-76, jan./abr. 1995.

ARAÚJO, V. M. R. H. de.; FREIRE, I. S. A rede internet como canal de comunicação, na perspectiva da ciência da informação. *Transinformação*, v. 8, n. 2, p. 45-55, maio/ago. 1996.

ASH, R. B. *Information theory*. New York: Dover Publications, 1990.

ASHBY, W. R. *Uma introdução à cibernética*. São Paulo: Perspectiva, 1970.

152 ANA MARIA NOGUEIRA MACHADO

ASSOCIAÇÃO BRASILEIRA DE NORMAS TÉCNICAS. *NBR 6023*. Informação e documentação. Referências. Elaboração. Rio de Janeiro: ABNT, 2002.

ATLAN, H. *Entre o cristal e a fumaça*. Rio de Janeiro: Zahar, 1992.

BARBOSA, A. P. *Novos rumos da catalogação*. Rio de Janeiro: BNG, 1978.

BARRETO, A. de A. Os destinos da Ciência da Informação: entre o cristal e a chama. *Revista de Ciência da Informação*, n. 0, p. 1-6, dez. 1999.

BELKIN, N. J.; ROBERTSON, S. E. Information science and phenomenon of information. *Journal of the American Society for Information Science*, Jul./Aug. 1979.

BENNATON, J. *O que é cibernética*. São Paulo: Nova Cultural, 1986.

BIBLIOGRAPHIC services, their present state and possibilities of improvement. Washington (DC): UNESCO; Library of Congress, 1950.

BONSACK, F. Pode a informação ser objetiva e matematizada? In: O CONCEITO de informação na ciência contemporânea. Rio de Janeiro: Paz e Terra, 1970. p. 180-198. (Ciência e Informação, 2).

BRAGA, G. M. Informação, Ciência da Informação: breves reflexões em três tempos. *Ciência da Informação*, v. 24, n. 1, p. 84-88, jan./abr. 1995.

BRETON, P. *História da informática*. São Paulo: Ed. Unesp, 1991.

BRIET, S. *Qu'est-ce que la documentation?* Paris: Presses Universitaires de France, 1953.

BRILLOUIN, L. *Science and information theory*. New York: Academic Press, 1956.

BRITO, C. J. Disseminação de informação e a tecnologia do CD-ROM. *Ciência da Informação*, v. 17, n. 1, p. 3-13, jan./jun. 1988.

BUENO, M. C.; VIDOTTI, S. A. B. G. Ferramentas de busca na Internet: para quê, por quê e como utilizá-las? In: SIMPÓSIO NACIONAL DE BIBLIOTECAS UNIVERSITÁRIAS, *2000. Anais...* Florianópolis, 2000. CD-ROM.

BUSH, V. As we may think. *The Atlantic Monthly*, Jul. 1945.Versão eletrônica preparada por Denys Duchier, Apr. 1994. Disponível em: <http://www.isg. sfu.ca/~duchier/misc/vbush>. Acesso em: 18 jul. 1999.

CALDEIRA, P. da T. A situação do Brasil em relação ao controle bibliográfico universal. *Revista da Escola de Biblioteconomia da UFMG*, v. 13, n. 2, p. 260-283, jul../dez. 1984.

CAMPBELL, J. *Grammatical man*: information, entropy, language, and life. London: Allen Lane, 1983. p. 1-66.

CAMPELLO, B. S.; MAGALHÃES, M. H. de. A. *Introdução ao controle bibliográfico*. Brasília: Briquet de Lemos, 1997.

CAMPOS, E. M. Sociedade e informação. *Revista da Escola de Biblioteconomia da UFMG*, v. 21, n. 1, p. 7-18, jan./jun. 1992.

INFORMAÇÃO E CONTROLE BIBLIOGRÁFICO   153

CARVALHO, M. de L. B. de.; CALDEIRA, P. da T. Algumas organizações
ligadas ao controle bibliográfico no Brasil. *Revista da Escola de Biblioteconomia da UFMG*, v. 7, n. 1, p. 105-131, jan./jun. 1978.

CHIAVENATO, I. *Teoria geral da administração*: abordagens descritivas e
explicativas. São Paulo: McGraw Hill, 1979. cap. 18, p. 275-333.

_____. As organizações. In: CHIAVENATO, I. *Recursos humanos*. São Paulo:
Atlas, 2000. p. 25-71.

CHURCHMAN, C. W. *The systems approach*. New York: Dell Publishing,
1968.

CIANCONI, R. de B. Banco de dados de acesso público. *Ciência da Informação*, v. 16, n. 1, p. 53-59, jan./abr. 1987.

CÓDIGO de catalogação anglo-americano. 2. ed. São Paulo: FEBAB, 1983.
v. 1, p. 14.

COLLECÇÃO das Leis da República dos Estados Unidos do Brazil de 1907.
Rio de Janeiro: Imprensa Nacional, 1908. v. 1.

COLLECÇÃO das Leis do Império do Brasil de 1847. Rio de Janeiro: Na
Typographia Nacional, 1847. v. 9, parte 1.

COLLECÇÃO das Leis do Império do Brasil de 1853. Rio de Janeiro: Na
Typographia Nacional, 1853. v. 14, parte 1.

COUFFIGNAL, L. *A cibernética*. São Paulo: Difusão Europeia do Livro, 1966.

CHRISTÓVÃO, H. T.; BRAGA, G. M. Ciência da Informação e sociologia
do conhecimento científico: a intertematicidade plural (sobre A ciência e
seu público, de Léa Velho: um ponto de vista da Ciência da Informação).
Transinformação, v. 9, n. 3, p. 33-45, set./dez. 1997.

CUNHA, M. B. da. Bases de dados no Brasil: um potencial inexplorado. *Ciência
da Informação*, v. 18, n. 1, p. 45-57, jan./jun. 1989.

_____. As tecnologias de informação e a integração das bibliotecas brasileiras.
Ciência da Informação, v. 23, n. 2, p. 182-189, maio/ago. 1994.

CUNHA, M. L. M. da. Planejamento e normalização, suportes indispensáveis
ao controle bibliográfico universal. *Revista de Biblioteconomia de Brasília*,
v. 5, n. 1, p. 303-316, 1977.

CURRÁS, E. Information: ciencia de la información como sistema en
interacción dialéctica. *Cuadernos de ADAB*, v. 1, n. 2, p. 367-380, 1993.

D'AZEVEDO, M. C. *Teoria da informação*: fundamentos biológicos, físicos e
matemáticos; relações com a cultura de massas. Petrópolis: Vozes, 1971.

_____. *Cibernética e vida*. Petrópolis: Vozes, 1972.

DE PAULA, L. P. Novas tecnologias e bibliotecas: uma síntese. *Revista
Brasileira de Biblioteconomia e Documentação*, v. 25, n. 1/2, p. 42-53,
jan./jun. 1992.

154   ANA MARIA NOGUEIRA MACHADO

DEPOIS do big bang. In: NATIONAL GEOGRAPHIC SOCIETY. *A aventura do conhecimento*. São Paulo: O Estado de S. Paulo, 1999. p. 10.

DIRECTORY of online databases, v. 5, n. 3, Spring 1984.

DRUMMOND DE ANDRADE, C. *Uma pedra no caminho*: biografia de um poema. Rio de Janeiro: Ed. do Autor, 1967.

_____. A José Olympio. In: ___. *Poesia completa e prosa*. Rio de Janeiro: J. Aguilar, 1973. p. 586.

_____. Ao deus kom unik assão. In: ___. *Obra completa*. 5. ed. Rio de Janeiro: Nova Aguilar, 1974. p. 428.

EDWARDS, E. *Introdução à teoria da informação*. São Paulo: Cultrix, 1971.

EGAN, M. E.; SHERA, J. H. Prolegomena to bibliographic control. *Journal of Cataloging and Classification*, v. 5, n. 2, p. 17-19, 1949.

ENCICLOPEDIA UNIVERSAL ILUSTRADA EUROPEO-AMERICANO. *Declaración de los derechos del hombre y del ciudadano*. Madrid: Espasa-Calpe, 1907. v. 17, p. 1217-1219.

EPSTEIN, I. *Teoria da informação*. São Paulo: Ática, 1986.

ESCARPIT, R. *Teoria general de la información y de la comunicación*. Barcelona: Icaria, 1981.

ESPAÇO II. In: NATIONAL GEOGRAPHIC SOCIETY. *A aventura do conhecimento*. São Paulo: O Estado de S. Paulo, 1999. p. 2.

FAIRTHORNE, R. A. Empiricalhuperbolic distributions (Bradford-Zipf--Mandelbrot) for bibliometric description and prediction. In: SARACEVIC, T. (Ed.) *Introduction information science*. New York: Browker, 1970.

FELBER, H. *Terminology manual*. Paris: UNESCO, 1984.

FERNÁNDEZ-MOLINA, J. C. Enfoques objetivo y subjetivo del concepto de información. *Revista Española de Documentación Técnica*, v. 17, n. 3, p. 320-331, 1994.

FIGUEIREDO, L. M. de; CUNHA, L. G. de. *Curso de bibliografia em geral*: para uso dos alunos das escolas de biblioteconomia. Rio de Janeiro: Record, 1967.

FONSECA, C. N. da. Bibliografia brasileira corrente: evolução e estado atual do problema. *Ciência da Informação*, v. 1, n. 1, p. 9-14, jan./abr. 1972.

FRANCIS, F. C. The organization of national libraries. In: SYMPOSIUM ON NATIONAL LIBRARIES IN EUROPE, 1958, Vienna. *Procedings...* Paris: UNESCO, 1960.

FREIRE, I. M. Informação; consciência possível; campo: um exercício com constructos teóricos. *Ciência da Informação*, v. 24, n. 1, p. 133-142, jan./abr. 1995.

FUJITA, M. S. L. A leitura do indexador: estudo de observação. *Perspectivas em Ciência da Informação*, v. 4, n. 1, p. 101-116, jan./jun. 1999.

INFORMAÇÃO E CONTROLE BIBLIOGRÁFICO   155

GONZALES, M. E. Q. Informação e cognição: uma proposta de solução do problema mente-corpo. In: ENCONTRO BRASILEIRO INTERNACIONAL DE CIÊNCIA COGNITIVA, 2., 1996, Campos do Goytacazes. *Anais...* Campo dos Goytacazes: UENF, 1996.

GONZÁLEZ DE GOMES, M. N. A informação: dos estoques às redes. *Ciência da Informação*, v. 24, n. 1, p. 77-83, jan./abr. 1995.

GREBOGI, C. O caos sob controle. *Ciência Hoje*, v. 15, n. 87, p. 44, jan./ fev. 1993.

HAKEN, H. *Information and self-organization:* a macroscopic approach to complex systems. Berlin: Springer, 2000. p. 1-15.

HARTLEY, R. V. L. Transmission of information. *Bell System Technical Journal*, p. 535-563, Jul. 1928.

HICKEY, D. J. The search for uniformity in cataloguing: centralization and standardization. *Library Trends*, v. 25, n. 3, p. 565-586, Jan. 1977.

HOFFMANN, E. Defining information: an analysis of the information content of document. *Information Processing & Management*, v. 16, p. 291-340, 1993.

HONORÉ, S. Le controle bibliographique universel: évaluation et perspectives. In: CONGRÈS DE LA FÉDÉRATION INTERNATIONALE DES ASSOCIATIONS DES BIBLIOTHÉCAIRES, 39, Grenoble, 1973.

HOUSER, L. A conceptual analysis of information science. *Library and Information Science Research*, v. 10, p. 35-55, 1988.

IDATTE, P. *Chaves da cibernética.* Rio de Janeiro: Civilização Brasileira, 1972. (Chaves da Cultura Atual, 3).

INTERNATIONAL Congress on national bibliographies, Paris, 12-17 Sep. 1977: progress and papers. *International Cataloguing*, v. 6, n. 2, p. 18-19, Apr./Jun. 1977.

INTERNATIONAL STANDARD ORGANIZATION. *Terminologia-Vocabulário.* Tradução de G. da R. e S. Guidi et al. Santos: Sociedade Visconde de São Leopoldo, [19—].

KALWASSER, F. G. El control bibliográfico universal. *Boletin da UNESCO para las Bibliotecas*, v. 25, n. 5, p. 269-277, Sep./Oct. 1971.

KANDO, N. Information concepts reexamined. *International Forum of Information and Documentation*, v. 19, v. 2, p. 20-24, Apr. 1994.

KONDRATOV, A. *Introdução à cibernética.* Lisboa: Editorial Presença, 1976.

KÜPPERS, B. *Information and the origin of life.* Cambridge: MIT, 1990.

LANCASTER, F. W. *The dissemination of scientific and technical information*: toward a paperless system. Urbana: University of Illinois, 1977.

LAWRENCE, S.; GILES, C. L. Accessibility of information on the web. *Nature*, v. 400, n. 6740, p. 107-109, 1999.

LIEBAERS, H. Discours d'ouverture du président. In: CONGRÈS DE LA FÉDÉRATION INTERNATIONALE DES ASSOCIATIONS DES BIBLIOTHÉCAIRES, 39, Grenoble, 1973.

LITTLEJOHN, S. W. *Theories of human communication*. Columbus: Charles E. M. Publishing, 1978. p. 152-161.

LOPES, I. L. Sistemas "on-line" de recuperação da informação. *Ciência da Informação*, v. 14, n. 1, p. 55-60, jan./jun. 1985.

LWOFF, A. O conceito de informação na biologia molecular. In: O CONCEITO de informação na ciência contemporânea. Rio de Janeiro: Paz e Terra, 1970. p. 100-126. (Ciência e Informação, 2).

MAIA, E. L. e S. Programas internacionais para troca de informações bibliográficas. *Ciência da Informação*, v. 4, n. 2, p. 147-148, 1975. (Comunicação).

MALCLÈS, L.-N. *Cours de bibliographie*. Gèneve: E. Droz, 1954.

MARCIAL, N. A. Información: una nueva propuesta conceptual. *Ciências de la Información*, v. 27, n. 4, p. 190-195, 1996.

MARKUSON, B. E. Bibliographic systems, 1945-1976. *Library Trends*, v. 25, n. 1, p. 311-328, 1976.

MELO, A. G. de. *O controle bibliográfico no Brasil*: uma proposta. Brasília: Câmara dos Deputados, Coordenadoria de Publicações, 1981.

MOLES, A. *Teoria da informação e percepção estética*. Rio de Janeiro: Tempo Brasileiro, 1969.

MOREIRA, I. de C. Os primórdios do caos determinístico. *Ciência Hoje*, v. 14, n. 80, p. 11-16, 1992.

OASHI, C. D. A tecnologia do CD-ROM e suas aplicações em bibliotecas: revisão de literatura. *Revista brasileira de Biblioteconomia e Documentação*, v. 25, n. 1/2, p. 80-112, jan./jun. 1992.

OTLET, P. Introduction aux travaux du Congrès. In: CONGRÈS MONDIAL DE LA DOCUMENTATION UNIVERSELLE, 1937, Paris. *Textes des communications...* Paris, 1937. p. 251-255.

PEREIRA, M. de N. F. Bibliotecas virtuais: realidade, possibilidade ou alvo de sonho. *Ciência da Informação*, v. 24, n. 1, p. 101-109, jan./abr. 1995.

PEREIRA JÚNIOR, A.; GONZALES, M. E. Q. Informação, organização e linguagem. In: DEBRUN, M.; GONZALES, M. E. Q.; PESSOA JÚNIOR, O. (Org.) *Auto-organização*. Campinas: UNICAMP, 1996. p. 255-289. (Coleção CLE).

PESSANHA, J. A. M. Perpetuamente rebelde. *Ciência Hoje*, v. 14, n. 80, p. 58-60, 1992.

PESSOA, F. Liberdade. In: PESSOA, F. *Poesia completa*. Rio de Janeiro: J. Aguilar, 1969. p. 188.

PIGNATARI, D. Crítica, criação, informação e nova linguagem, nova poesia. *Invenção,* São Paulo, n. 4, 1964.

_____. *Informação. Linguagem. Comunicação.* São Paulo: Perspectiva, 1969.

PINTO, M. C. B. F. Catálogos & bibliografias: evolução histórica do trabalho de controle bibliográfico. *Revista da Escola de Biblioteconomia da UFMG,* v. 16, n. 2, p. 143-158, 1987.

PIRES, A. S. T.; COSTA, B. V. da. A desordem inevitável. *Ciência Hoje,* v. 14, n. 80, p. 33-39, 1992.

REZA, F. M. Introdução à teoria da informação. In: EPSTEIN, I. (Org.) *Cibernética e comunicação.* São Paulo: Cultrix, 1973. p. 207-230.

REZENDE, S. M. A dança dos spins. *Ciência Hoje,* v. 14, n. 80, p. 29-32, 1992.

ROBÓTICA. In: NATIONAL GEOGRAPHIC SOCIETY. *A aventura do conhecimento.* São Paulo: O Estado de S. Paulo, 1999. p. 10.

RUYER, R. *La cibernética y el origen de la información.* México: Fondo de Cultura Económica, 1992. (Collecion Popular).

SAYÃO, L. F. Base de dados: a metáfora da memória científica. *Ciência da Informação,* v. 25, n. 3, p. 314-318, set./dez. 1996 .

SETZER, V. W. Dado, informação, conhecimento e competência. *DataGramaZero* [online], n. 0, dez., 1999. Disponível em: <http://www.ime.usp.br/~vwsetzer/datagrama.html>. Acesso em: 15 ago. 2000.

SHANNON, C. E. The mathemathical theory of communication. In: SHANNON, C. E.; WEAVER, W. *The mathemathical theory of communication.* Urbana: The University of Illinois Press, 1963. p. 3-93.

SHANNON, C. E.; WEAVER, W. *The mathematical theory of communication.* Urbana: The University of Illinois Press, 1963.

SHERA, J. H. Bibliographic management. In: BRENI, V. (Ed.). Essays on bibliography. Metuchen: Scarecrow, 1975. p. 167-175.

SHERA, J. H.; EGAN, M. E. *Catálogo sistemático:* princípios básicos e utilização. Brasília: Ed. UnB, 1969.

SOARES, D. A globalização numa *perspectiva* sociocibernética. *Revista Contracampo* [online], n. 1, 2000. Disponível em: <http://www.compuland.com.br/delfim>. Acesso em: 16 ago. 2000.

_____.Revolução cibernética na comunicação e ilusão democrática. *Ciberlegenda* [online], n. 1, 1998. Disponível em: <http://www. compuland.com.br/delfim>. Acesso em: 16 ago. 2000.

STEWART, I. *Será que Deus joga dados?:* a nova matemática do caos. Rio de Janeiro: Zahar, 1991.

STONIER, T. *Information and the internal structure of the universe:* an exploration into information physics. London: Springer-Verlag, 1990.

SWANSON, D. R. Information retrieval as a trial-and-erro process. *Library Quarterly,* v. 47, n. 2, p. 128-148, Apr. 1977.

TALBOTT, S. Here's to the information age: a toast. *Netfuture,* n. 81. Disponível em: <http://www.oreilly.com/~stevet/netfuture>. Acesso em: 10 Dec. 1998.

TAMARIT, F.; CANNAS, S.; PENNA, T. J. P.; OLIVEIRA, P. M. C.; TSALLIS, C.; RESENDE, H. F. V. O infinito em cores. *Ciência Hoje,* v. 14, n. 80, p. 41-46, 1992.

TRIER, G. M. van. The future of libraries and information services: report of a Delphi study. *Information Service & Use,* v. 12, p. 205-215, 1992.

TRUESWELL, R. L. Some behavioral patterns of library users: the 80/20 rule. *Wilson Library Bulletin,* v. 23, n. 5, p. 458-461, 1969.

UNESCO. *Some aspects of UNESCO's role with respect to bibliographic control 1945-1965.* Paris: UNESCO, 1967.

UNIVERSO violento. In: NATIONAL GEOGRAPHIC SOCIETY. *A aventura do conhecimento.*São Paulo: O Estado de S.Paulo, 1999. p. 2.

VIDOTTI, S. A. B. G.; SANTOS, P. L. V. A. C. Hypermedia: metodology for storing and retrieving information. In: CONGRESSO INTERNACIONAL DE INFORMACION – INFO'95, 1995, Havana. *Anais...* Havana, 1995. (disquete).

VON BERTALANFFY, L. *General systems theory.* New York: George Brasilier, 1968.

VYGOTSKY, L. S. *Pensamento e linguagem.* São Paulo: Martins Fontes, 1989.

WEAVER, W. Recent contributions to the mathematical theory of communication. In: SHANNON, C. E.; WEAVER, W. *The mathematical theory of communication.* Urbana: The University of Illinois Press, 1963. p.94-117.

WELLISCH, H. H. *A cibernética do controle bibliográfico:* para uma teoria dos sistemas de recuperação da informação. Tradução de T. Zandonade. Brasília: IBICT, 1987.

_____.The cybernetics of bibliographic control: toward a theory of document retrieval systems. *Journal of the American Society for Information Science,* v. 31, n. 1, p. 41-50, Jan. 1980.

_____. From information science to informatics: a terminological investigation. *Journal of Librarianship,* v. 4, p. 157-187, 1972.

WIENER, N. O homem e a máquina. In: O CONCEITO de informação na ciência contemporânea. Rio de Janeiro: Paz e Terra, 1970. (Ciência e Informação, 2).

_____.*Cibernética e sociedade:* o uso humano de seres humanos. São Paulo: Cultrix, 1993.

_____. *Cybernetics, or control and communication in the animal and the machine.* 2. ed. Cambridge: MIT Press, 1961.

INFORMAÇÃO E CONTROLE BIBLIOGRÁFICO

WIENER, N. *Cybernetics.* New York: J. Willey & Sons, 1948.

WILSON, P. *Two kinds of power*: an essay on bibliographic control. Berkeley: University of California Press, 1968.

WITTGENSTEIN, L. *Tractatus logico-philosophicus.* London: Routledge & Kegan Paul, 1961.

YUEXIAO, Z. Definitions and sciences of information Information. *Processing & Management*, v. 24, n. 4, p. 479-491, 1988.

ZEMAN, J. Significado filosófico da noção de informação. In: O CONCEITO de informação na ciência contemporânea. Rio de Janeiro: Paz e Terra, 1970. p.154-179. (Ciência e Informação, 2).

SOBRE O LIVRO

Formato: 14 x 21 cm
Mancha: 23 x 43 paicas
Tipologia: Classical Garamond 10/13
Papel: Off-set 75g/m² (miolo)
Cartão Supremo 250 g/m² (capa)
1ª edição: 2003
1ª reimpressão: 2012

EQUIPE DE REALIZAÇÃO

Coordenação Geral
Sidnei Simonelli

Produção Gráfica
Anderson Nobara

Edição de Texto
Nelson Luís Barbosa (Assistente Editorial)
Ana Luiza Couto (Preparação de Original)
Carlos Villarruel e
Ana Paula Castellani (Revisão)
Casa de Ideias (Atualização Ortográfica)

Editoração Eletrônica
Casa de Ideias (Diagramação)

Impressão e acabamento